어린이가 묻고 할아버지가 알려주는 백문백답

어린이가 묻고 할아버지가 알려주는 백문백답

초판 1쇄 발행 2013년 12월 7일

지은이 | 천명일

펴낸이 | 이의성

펴낸곳 | 지혜의나무

등록번호 | 제1-2492호

주소 | 서울시 종로구 관훈동 198-16 남도빌딩 3층

전화 | (02)730-2211 팩스 | (02)730-2210

ⓒ천명일

ISBN 979-11-85062-04-4 03190

어린이가 묻고 할아버지가 알려주는

백문백답

천명일 지음

지혜의나무

서문

어린이가 묻고 할아버지가 대답한 백문백답의 이야기

지금 이 백문백답은 세상에서 제일 어려운 이야기책이 될 것입니다. 그 이유는 일반 세속의 상식에 물들지 않은 동심들의 질문에서 출발했기 때문입니다.

지금 여기의 물음은 어린 천심에서 우러나온 질문들입니다. 그러므로 그 답 또한 천심을 보는 혜안이 아니라면 줄 수가 없습니다.

여기 어린이와 주고받은 백문백답은 일반 상식이나 막연한 종교적 신념의 지식으로는 이루어질 수가 없습니다. 그것은 순진한 어린이들의 단순해 보이는 질문은 사실 지고한 인간 의식의 절정에 가 닿고 있기 때문입니다.

사념(邪念)으로 만들어진 지식이나 삶의 상식은 어린이들에게는 너무나 식상하여 귀담아 듣지도 않습니다. 현대과학으로 무장된 어린이들에게 지금 여기 산성 할아버지가 천심의 답을 주고 있습니다.

아, 진리의 알맹이를 알고파 묻고 있는 법동자(法童子)들이여!

설사 할아버지의 이야기가 너무 어렵고 난해하더라도 애써 꼭 읽어두거라. 읽어만 두면 반드시 훗날 조건 없는 행복이 여러분들의 가슴에서 일어나리라.

　그리고 모든 이들이여!

　여기 이 어린이와 주고받은 산성 할아버지의 백문백답의 책을 주의 깊게 읽어 두세요. 읽어 보시면 진실로 아는 것이 무엇이며, 실로 굶주린 인간 영혼에게 주는 만찬이 무엇인가를 알 수 있는 기회가 될 것입니다.

　이제 이 늙은이도 독자 여러분들의 삶의 향기에 큰절을 올리면서 멀리 멀리 물러가겠습니다.

　세상의 삶이란 본래로 무척 고달픕니다. 고달프지만 그 고달픔을 지켜만 보고 사노라면 그 어느 날, 그 지켜보는 자가 우리를 영원한 행복의 고향으로 안내해 줄 것입니다.

2013년 10월 10일 부산 초량에서

천명일 합장

어린이가 묻고 할아버지가 알려주는
백문백답

차례

왜 사람은
착하게 살아야 하나요?

할아버지의 손자가 다섯 살 때 한 질문입니다.

"정훈아, 너는 남을 해롭게 하고 남의 것을 훔치는 이런 사람을 좋아하느냐?"

"아니요. 그런 사람은 싫어요."

"나쁜 사람은 제 부모와 선생님과 세상의 어른들에게 공손히 절을 하는 예절이 없다. 이런 사람들을 제가 제일 잘났다고 생각하는 어리석은 사람이라고 한단다. 반대로 착한 사람은 부모와 선생님께 항상 공손히 절하고, 친구나 형제간에도 우애가 있고 예의를 지킨단다. 그리고 다른 모든 사람들을 도와주며 남에게 친절을 베푼단다. 그러한 사람을 누가 싫어하겠느냐? 너는 그렇게 모든 사람이 다 좋아하는 사람이 되어야 한다."

"할아버지, 저도 그런 사람이 되고 싶어요."

"오냐, 그래야지."

어린이 여러분, 꽃은 예쁘니까 천하 사람들이 다 좋아합니다. 집안에 키우는 개도 사람을 따르며 고분고분 순종을 잘합니다. 그렇게 온순하니까 사람들은 개를 사랑합니다. 사랑하다 못해서 집안 안방에서도 기릅니다.

하지만 항상 남의 산 목숨을 잡아먹으려고 풀숲에 도사리고 누워 있는 뱀은 그 누구도 안 좋아합니다. 뱀은 하루에 만 번을 보아도 만 번 기겁을 합니다.

그러므로 착한 사람은 첫째로 꽃처럼 잘생기고 잘 삽니다. 악한 사람은 참으로 가련한 신세로 태어나고 항상 가난해서 굶주립니다.

어린이 여러분, 왜 모든 성인과 부모와 할아버지 할머니들이 그렇게도 착하게 살라고 간곡히 권유를 하시는지 그 이유를 이제 알겠습니까? 착하게 살면 환경이 풍요로운 복을 받고, 악하게 살면 자연히 기구망측하게 태어납니다. 그들은 살아서는 온갖 고생을 골라 가면서 다 하다가 목숨이 다하면 바로 지옥으로 갑니다.

착하게 살면 좋은 행운의 구름이 날로 달로 일어납니다. 악하게 살면 무서운 재앙이 날로 달로 일어나서 온갖 고통을 받습니다.

어린이 여러분, 착하게 살면 좋은 행운의 결과를 받고, 악하게 살면 나쁜 과보를 받는 이것을 인과응보(因果應報)라고 합니다. 만약 누가 성인의 가르침인 인과응보를 무시하거든 그 사람에게 이렇게 말해 보세요.

"햇빛 비치는 낮에 당신이 뛰어가면 그림자도 뛰어가고, 가만히 앉아 있으면 당신의 그림자도 조용히 앉아 있을 것입니다. 만약 당신이 서서 걸어 다니면 분명히 당신의 그림자도 서서 걸을 것입니다. 만약에 당신이 엉금엉금 기어가게 되면 반드시 당신의 그림자도 땅바닥에서 짐승처럼 기어 다님을 볼 것입니다. 만약 당신이 도둑질을 하게 되면 당신의 그림자도 살살 기어서 도둑질하는 모습을 그대로 보여줄 것입니다. 이것이 그림자의 교훈, 인과응보(因果應報)입니다."

석가모니 부처님께서 열반에 드신 지 500년 후에 인도에서 태어나신 용수(龍樹)라는 큰스님은 참으로 대단한 분으로 저 방대한 『화엄경』을 오늘날 우리에게 전해 주신 분입니다.

어느 날 한 젊은이가 찾아와 대뜸 용수 스님께 물었습니다.

"저 같은 사람도 중이 될 수 있습니까?"

"있지."

너무 쉽게 답을 해주시니까 젊은이는 의아했습니다.

"스님은 제가 누구인 줄도 모르시면서 어떻게 그렇게 쉽게 말씀을 하십니까?"

스님은 먼 산을 보며 말씀하셨습니다.

"자네가 누구이든 그건 상관이 없네."

그러자 젊은이는 침통한 표정으로 말했습니다.

"스님. 저는요, 지구상에서 제일 유명한 도둑입니다. 국제 대도입니다. 국제 대도가 어떻게 중이 될 수가 있습니까?"

스님은 젊은이의 말에 빙긋이 웃으며 말씀하셨습니다.

"중이 되는 길은 신분과는 아무런 상관도 없다네."

너무나 또 쉽게 말씀을 하시니, 젊은이는 다그치듯 물었습니다.

"스님, 중이 되려면 많은 계*를 잘 지켜야 한다던데요. 저 같은 도적이 어떻게 계를 지킨단 말씀입니까?"

스님은 맑고 청명한 눈빛으로 그 젊은이를 유심히 보시면서 말씀하셨습니다.

"지켜야 할 계와는 아무런 상관도 없네."

그러자 젊은이는 화를 버럭 내었답니다.

"그러면 스님이 되는 계는 도대체 무엇이란 말입니까?"

"나의 계는 지켜보는 자로 남는 길일세."

이 말씀은 젊은이의 정신을 확 깨는 말이었습니다.

"스님, 다시 자세히 말씀 좀 해주세요. 지켜보는 자로 남는다는 말씀은 무슨 뜻이옵니까?"

"자네의 행동과 자네의 마음이 움직이는 일체의 행위를 자네가 가만히 지켜봄을 의미한다네."

젊은이는 스님의 말이 무슨 뜻인지 분명하게 알 수는 없었지만 스님이 자기를 내쫓으려는 것은 아니라는 생각에 안도의 한숨을 쉬었습니다.

"그렇다면 저를 제자로 받아 주십시오. 지켜보는 자의 문제라면 저는 해낼 수 있을 것 같습니다. 오늘부터 스님의 제자가 되겠습니다."

스님은 빙그레 웃으면서 말씀하셨습니다.

"이미 너를 제자로 삼았느니라."

이 젊은이는 인도뿐만 아니고 세계적으로 유명한 도둑이었습니다. 젊은 대도는 실은 중이 되려고 온 것이 아니고, 세계에서 단 하나밖에 없다는 큰 다이아몬드가 하필이면 용수 스님의 큰방 앞 돌탑 꼭대기에 안치되어 있기 때문이었습니다.

용수 스님을 만나러 온 목적은 바로 이 보물을 훔치고자 함이었습니다. 도둑은 이제 스님이 되었으니 제 마음대로 절 안을 누비고 다닐 수가 있었습니다.

용수 스님은 그에게 주시(注視)라는 이름을 지어 주었습니다.

어느 날 스님은, "주시야." 하고 제자를 불렀습니다.

"예."

"내가 오늘부터 한 보름 동안 어디를 좀 다녀올 데가 있느니라. 절을 잘 지켜보고 있거라."

"예, 스님. 절 걱정은 마시고 잘 다녀오십시오."

주시는 합장 배례를 하면서 속으로 옳다구나 하고 쾌재를 불렀습니다. 이제 저 고탑 속에 든 다이아몬드가 제 손아귀에 들어왔다 생각하니 얼마나 좋았겠습니까? 그날 밤으로 다이아몬드 탈취 작전을 개시했습니다. 절 안의 대중들이 한참 깊이 잠들 무렵, 그는 살살 뱀처럼 탑 쪽으로 기어서 행동 개시를 했습니다.

그런데 평소에 한 번도 느껴 보지 못한 이상한 마음의 요동을 느끼기 시작했습니다. 생전 처음으로 느껴 보는 이상한 느낌이었습니다. 전에 없이 야릇한 흥분은 어디로 가고 해맑은 의식이 꿈틀거리기 시작을 했습니다.

"나의 계는 지켜보는 자로 남는 길이다."라고 말씀하신 용수 스님의 목소리가 귀가 아니고 저 마음 밑바탕에서 울려오는 것이었습니다. 그 마음의 소리를 의식하는 순간, 자신의 모습이 괴상하게 보이기 시작했습니다. 자신의 꼴이 흡사 쥐를 잡는 도둑고양이의 모습으로 보이는가 하면 살금살금 기고, 숨고 움츠리는 꼴이 도둑 느림보 곰같이 보였습니다.

원숭이처럼 돌벽에 붙어서 간신히 탑신 꼭대기까지 거의 다 갔을 때의 제 모습은 참으로 꼴불견이었습니다. 탑신에 억지로 붙어서 안 떨어지려고 발버둥치는 모습은 흡사 사형수가 형틀에서 참수를 당할 때의 절박한 모습같이 보였습니다. 문득 당장이라도 붙잡히면 바로 그 꼴이 될 자신의 운명을 생각하니 그만 머리꼭대기까지 부아가 치밀어 올랐습니다.

'아! 나는 이제 신세를 망쳤네. 큰스님 때문에 나는 이제 죽었네. 훔칠 때 즐기던 짜릿한 쾌감은 지금 어디로 가고, 도벽 생활로 생을 즐기던 그때의 나는 지금 어디로 갔는가? 백만장자의 꿈이 내 손끝에서 춤추던 그 감회는 지금 어디로 갔는가? 항상 숨기고 감춤으로 생기던 기쁨은 내가 나를 보는 자 속으로 녹아 버리고 이제 천하가 침 뱉는 이 꼴을 보는 자, 그는 누구란 말인가? 아! 나는 이제 죽었다. 이제 무슨 재미로 세상을 산다는 말인가?'

생전 처음으로 깨달음의 눈물을 흘려 보는 그 순간, 주시는 높다란 탑신에서 사정없이 굴러 떨어지고 말았습니다. 그때, 멀리 가신다던 용수 스님은 대도 주시의 등 뒤에 이미 와 계셨습니다. 천리 밖에 있는 돈뭉치의 냄새도 귀신같이 다 맡았던 그 대도가 스님이 자신의 몸 곁에 벌써 와 계심을 모를 리가 있겠습니까. 벌써 스님의 향기를 다 맡고는 있었지만 주시는 가가대소를 하면서 말했습니다.

"스님, 스님은 참으로 기쁘시겠습니다. 저를 이 지경으로 만들어 놓으시고 참으로 좋으시겠습니다. 나는 무슨 재미로 살라고 이 지경으로 만드셨습니까? 하하하하!"

제자 주시는 자아 발견의 오도송으로 자신의 배를 두드리며 하염없이 웃고 서 있었습니다.

용수 스님은 제자 주시(注視)의 등을 꼭 품어 안으시면서 만면에 가득히 미소를 지으셨습니다.

어린이 여러분, 무슨 뜻의 이야기인지를 아시겠어요? 누구나 자신을 촘촘히 느낌으로 보는 주시(注視)를 하게 되면 저절로 만 가지 나쁜 습관도 사라지고 만 가지 착한 마음이 일어납니다.

안녕.

 계 : 죄를 금하고 제약하는 것. 율장(律藏)에서 설한 것으로 그른 일을 막고 나쁜 일을 멈추게 하는 힘이 되고, 근본이 된다.

신은 어디에 있나요?
신이 실제로 있나요?

다섯 살 먹은 어린아이의 질문입니다.

"철아, 온 세상을 환하게 밝히고 있는 전기가 네 눈에 보이느냐?"

"아니요, 안 보여요."

"눈에 안 보인다고 해서 실제로 전기가 없겠느냐?"

"아니요, 실제로 있어요."

"철아, 그 전기와 꼭 같은 성질로 온 세상을 두루 밝히고 있는 신성한 영혼의 전기가 있다. 그것이 바로 네 정신이다. 이 정신이 실제로 있는 것이냐, 없는 것이냐? 하고 할아버지가 물었을 때 너는 있다고 말을 할 래, 없다고 말을 할래?"

"예, 있어요. 전기나 정신은 분명히 있습니다."

"맞다. 세상에 숱한 종교에서 말하는 신(神)은 다른 무엇이 아니고 바로 우리 모두의 마음의 빛인 정신(精神)이다. 일체 생명들이 다 갖고 있는 영혼이 곧 신이다. 저 우주에 가득한 전기도 네가 어떻게 쓰느냐에 따라서 텔레비전에 나오는 화면도 되고 전깃불도 되고 냉장고 동력도 되며, 큰 공장의 기계를 돌리는 동력기도 된다. 그와 마찬가지로 종교에서 말하는 신이나 우주에 두루 가득한 마음도 그렇단다. 만약 그 정신이 네 몸에 들어가면 몸을 움직이는 운동신경이 되고, 마음에 들어가면 온갖 정신 활동을 하게 된단다. 하지만 저 전기처럼 정신도 전혀 어떤 모양을 하고 있는 모습은 없다. 어떤 형상도 갖추고 있지는 않지만 그래도 분명히 네 마음 가운데 생각하는 정신이 되고, 몸에서는 전신을 자각하는 온갖 감각과 움직이는 신경계를 이루고 있다. 이제 알았느냐? 신은 무엇이며, 신이 실제로 있는 것인지 없는 것인지를."

"예, 할아버지. 신이 무엇이며, 신이 어떻게 있는가를 이제 알겠어요."

어린이 여러분, 안녕.

내가 이 세상에 태어나기 전에 나는 어디에 있었나요?

다섯 살 먹은 어린아이의 질문입니다.

지금 이 질문은 대각(大覺)을 이루신 부처님이 아니고는 그 누구도 대답을 해줄 수가 없습니다. 그러므로 우리가 수만 생을 났다 죽었다 한들 멀고먼 전생을 어찌 알겠습니까? 이생에서 어머니의 뱃속에 머물고 있었던 시기의 기억도 전혀 없는데 말입니다. 모태의 역사는 모른다손 치더라도 적어도 태어난 날로부터 한두 살, 세 살, 네 살 때의 기억은 있어야 할 게 아닙니까? 어머니의 젖을 빨고 웃고 자지러지게 울고 한 과정은 분명 있을 텐데 전혀 기억이 없으니 참으로 이상합니다.

그 까닭은 이렇습니다. 우리들의 마음 가운데는 무엇을 아는 의식계(意識界)가 있고, 또 이래저래 생각을 해보는 공상의 잠재의식계(潛在意識界)가 별도로 있습니다. 그리고 또 전혀 아무것도 모르는 무의식계(無意識界)가 있습니다.

무의식계는 우리가 잠이 들면 아무것도 기억을 못하는 정신 분야를 말합니다. 이 모양으로 전혀 기억을 못하는 까닭은 양면성을 가진 잠재의식 때문입니다. 이 잠재의식이 기억을 하는 의식계를 무의식계 속으로 잠깐 밀어 넣었기 때문입니다. 평소에는 잠재의식이 의식을 무의식으로 밀어 넣으면 잠이 들고, 무의식을 의식계로 밀어 넣으면 잠이 깹니다.

저 마음을 벗어 던진 깨달음을 얻은 도인들을 제외하고 대개의 사람들은 잠이 들면 생시에 있었던 일들을 모두 까맣게 잊게 되어 있습니다. 우리가 전생을 모르고, 살아온 기억들을 까맣게 잊는 것은 기억하는 의식계가 무의식계로 깊이 침몰했기 때문입니다. 그래서 중생들은 전생을 전혀 기억하지 못합니다.

전생을 까맣게 모르는 좋은 비유가 있습니다.

도장을 종이에 찍습니다. 도장에 새겨진 글자는 그대로 종이에 찍힙니다. 하지만 도장과 종이에 찍힌 글자는 서로를 전혀 못 알아봅니다. 도장은 종이에 찍힌 글자를 모르고, 찍힌 글자는 자신을 찍은 도장을 전혀 모릅니다. 바로 이 이치가 우리가 전생을 모르는 연유입니다. 도장의 글자는 전생의 마음이고, 찍힌 글자는 이생의 우리 마음입니다. 이런 연유로 우리는 과거 생을 전혀 모릅니다. 그러면 우리가 부모로부터 이 몸과 마음을 받아 나게 되면서 전생을 잊게 되는 이야기로 들어가 보겠습니다.

육신이 없을 때는 꿈속의 몸과 똑같은 영혼의 몸이 있습니다. 이를 중음신(中陰神)이라 합니다. 마음의 속성 가운데서 중음신은 전적으로 잠재의식계의 지배를 받습니다. 이 중음신이 아버지의 징검다리를 타고 어머니의 자궁 속으로 쑥 빠져 들어가는 순간 과거의 기억은 모두 물거품처럼 사라집니다. 우리가 저 세상에서 살아온 일들이 까맣게 사라집니다. 그래서 우리는 이 몸을 받기 전에 있었던 기억이 없어지고 전생을 전혀 모르게 됩니다. 마치 도장을 종이에 꼭 찍고는 그 도장을 버리듯 말입니다.

나의 중음신이 어머니의 태중에 들어가는 순간부터 무의식계의 소속이 됩니다. 그래서 깊이 잠을 자는 상태가 됩니다. 그렇기 때문에 지난 세상의 일들을 몽땅 잊습니다. 마치 잠이 깊이 들면 생시의 모든 기억이 다 사라지듯 말입니다.

그러므로 우리는 어머니의 자궁 속에서 자라온 사실 자체도 전혀 모릅니다. 마침내 열 달이 차서 어머니의 자궁 밖으로 나올 때는 엄청난 산고의 충격으로 기절을 하면서 깊은 무의식의 잠에서 중음신이 잠재의식계로 몰입하게 됩니다. 잠재의식계로 몰입이 되는 순간 마음의 속성 가운데 깨닫고 아는 식정(識精)이 몸속으로 깊이 스며듭니다.

본래로 맑고 고요한 식정을 식심(識心)이라 합니다. 식심이 몸속에 깃드는 순간부터 육신으로 숨을 쉬게 됩니다. 이때부터 중음신인 잠재의식이 의식과 무의식으로 들쑥날쑥 하는 가운데서 신생아의 모든 것이 성장하게 됩니다.

우리는 보통 한두 살 내지 서너 살 때까지는 반수면상태로 자라게 됩니다. 반수면상태로 자라면서 의식과 무의식은 잠재의식의 희롱으로 몽유삼매(夢遊三昧)를 즐기게 됩니다. 그래서 잠자는 아기들은 자면서도 싱글벙글 잘 웃습니다. 그것은 몽유삼매의 맛에 심취하기 때문입니다.

여기서 꼭 알고 넘어가야 할 중요한 상식이 있습니다. 세상에서 소문난 천재들의 이야기입니다. 천재들의 기재는 별난 잠재의식의 희롱입니다. 일종의 정신 신경의 신기루입니다. 잠깐 전생의 기억들이 신식(身

識)에 반영되었을 뿐입니다. 흡사 사막의 신기루처럼 말입니다. 그래서 4~5세 어린이가 이 세상에서는 전혀 보고, 듣고, 배우지도 않은 글자를 줄줄 읽기도 하고 쓰기도 합니다. 혹 어떤 경우는 외국어를 유창하게 말하기도 합니다. 그것은 자신이 전생에 살다가 온 나라의 말과 글자의 기억이 잠깐 밖으로 신기루처럼 반연되었을 뿐입니다.

만약 그 영혼이 전생에 물리학자였다면 놀랍게도 고등 수학을 어렵잖게 술술 풀어냅니다. 이를 보는 부모나 세상 사람들은 그를 신동이라합니다. 그를 보고 듣는 모든 사람들은 놀라워합니다.

하지만 하나도 부러워할 경사는 아닙니다. 왜냐하면 전생의 기억이 신식(身識)* 밖으로 잠깐 월장을 했을 뿐이기 때문입니다. 하지만 아무리 뛰어난 천재라도 나이가 들어서 사춘기에 접어들면 홀연히 그 재능을 망각해 버리기도 합니다. 그것은 사춘기의 성정이 맑은 식정(識精)을 흐리고 탁한 오감으로 덮어씌우기 때문입니다.

그러므로 천재는 신기루성입니다. 진짜 천재는 바보처럼 자랍니다. 세상에 학부모나 학자들은 꼭 기억을 해 두세요. 장래에 성자가 될 진정한 천재들은 일반 사람들이 볼 때는 멍청한 듯이 보입니다. 흡사 바보처럼 보입니다. 성인의 천성은 우주의 적막처럼 고요하기 때문에 말도 늦고, 지적 성장도 보통 애들보다도 좀 늦습니다. 실로 바람직한 진정한 천재들입니다. 바로 이러한 천재들은 온 인류를 위한 위대한 업적들을 많이도 남겼습니다.

하지만 세상에서 소문난 천재들은 이 세상에 공헌한 업적이 별로 없습니다. 그저 한때 소문만 요란했지 아무것도 세상에 남긴 기록이 없습니다. 이것이 세상이 좋아하는 천재들의 애사(哀史)요, 역사의 증언입니다. 지금까지 인류에 큰 공헌을 한 위대한 과학자나 위인들은 모두 보통 평범한 사람들이었습니다. 다소 별난 천재도 있었지만 말입니다.

어린이 여러분, 내가 세상에 태어나기 전에 나는 어디에 있었나요? 하고 물은 의문의 정답은 스스로 찾아야 합니다. 어린이 여러분들이 구름 같은 마음을 닦아 내야만 합니다. 다른 말로 하면 마음을 닦는 정신 수양을 해야 합니다.

정신 수양은 조용히 앉아서 몸과 마음을 지켜보는 참선입니다. 참선을 많이 해야만 합니다. 고요히 자신을 지켜보고 있노라면 그 어느 날 홀연히 태양의 십조 배나 밝은 각성의 빛이 환하게 드러납니다. 그때 비로소 여러분들은 스스로 수만 생을 살아온 과거 전생이 환하게 다 드러나 보입니다. 태양이 뜨면 온 세상 만상이 분명히 다 보입니다. 이렇게 스스로 자신의 몸과 마음을 활짝 벗겨 버리지 않고서는 그 누구도 자기의 전생과 앞으로 올 내생을 전혀 모릅니다.

어린이 여러분, 내가 태어나기 전에 나는 어디에 있었나요? 만약 스스로 몸과 마음을 저 하늘에 뜬 구름처럼 증발시키고 나면 홀연히 그대들의 전생을 스스로 환히 내다볼 것입니다.

환하게 다 내다볼 그날까지 안녕!

 신식 : 신근(身根 : 몸의 감각기관)에 의해서 바깥의 사물과 접촉하여 분별하고 인식하는 감각.

사람은
왜 죽는 건가요?

다섯 살 먹은 어린아이의 질문입니다.

사람뿐만 아니고 세상만물은 모두가 나면 늙고, 늙으면 병들고, 병들면 마침내 죽습니다. 저 하늘에 무수한 천체를 품고 있는 허공도 우연히 생겨서는 한시적으로 머물다가 서서히 변하면서 마침내 물거품처럼 소멸됩니다. 이러한 만물의 섭리를 생로병사(生老病死), 또는 성주괴공(成住壞空)이라 합니다.

어린이 여러분, 만약에 우리가 태어나고, 늙고, 병들고, 죽는 무서운 고통을 영원히 떨쳐내려고 한다면 누구나 지금의 이 몸과 마음을 우선적으로 소멸시켜야만 합니다. 인도에서 탄생하신 석가모니 부처님께서는 나고 늙고 병들고 죽는 네 가지 근본 고통을 영원히 소멸시키는 방법을 잘 밝혀 놓으셨습니다. 바로 그 지혜의 말씀이 해인사의 팔만대장경입니다.

수행에는 경을 읽는 독경과 고요히 앉아서 마음을 보는 참선과 사유하는 명상이 있습니다. 무엇보다 우리들 스스로가 조용히 앉아서 자신의 몸과 마음을 하늘의 구름처럼 보는 수행을 열심히 해야만 합니다. 그러면 그 어느 날 몸과 마음이 저 하늘의 구름처럼 사라집니다. 그렇게 몸과 마음이 연기처럼 사라지고 나면 우리의 상식으로는 생각도 할 수 없는, 태양의 십조 배나 밝은 빛이 환하게 열린다고 합니다. 이것을 깨달음이라고 합니다.

이렇게 깨달음이 일어나면 죽으려야 죽을 수도 없는 묘각(妙覺)*이 환하게 밝아 옵니다. 마치 저 태양이 밝아 오면 어두운 밤이 없듯이 영원히 삶과 죽음 같은 것은 있을 수가 없게 된다고 합니다.

어린이가 물었습니다. 사람은 왜 죽는가?

만약에 이 몸을 가지고 영원히 죽지 않는다면 얼마나 사는 것이 지겹고 고달픈지를 한 번이라도 생각해 보셨나요? 그래서 하루속히 죽으려야 죽을 수가 없는 우리들 내면에 환하게 깨어 있는 묘각을 얼른 찾아내야만 합니다.

안녕.

 묘각 : 보살이 수행하는 52위(位) 가운데 가장 높은 단계. 온갖 번뇌를 끊어버린 부처의 경지에 해당한다.

아기가 태어나서 첫 숨을 쉬었을 때부터
사람의 운명이 정해진다고 하는데,
이것이 사실인가요?
운명이란 무엇인가요?

할아버지가
알려주는
100문 100답
005

열세 살 먹은 초등학생의 질문입니다.

답부터 드리겠습니다.

어머니와 연결된 탯줄이 끊어지는 순간 아기는 남아인가 여아인가가
확실해지고, 또 숨을 쉬게 됨으로써 인생의 여정과 운명이 결정된다고
했습니다.

실로 모든 생명은 탯줄을 끊는 그 순간부터 너는 여자다 너는 남자다
하는 성별이 분명해집니다. 이 운명은 남녀가 엄청나게 다릅니다. 사람
뿐만이 아닙니다. 태로 나고, 알로 나고, 습기로 나고, 변화해서 나는 이
모든 생명들은 다 생겨날 때부터 일단 성별이 분명해집니다. 또한 살아
가야 할 운명도 정해집니다.

"운명이란 무엇인가요?" 하고 물었습니다. 그 답은 간단합니다. 몸으
로 행하는 노력 여하에 따라서 이루어짐을 신수(身數: 운수)라 하고, 마음
먹기에 따라서 이루어지는 삶을 운명이라 합니다.

어린이 여러분, 할아버지의 운명 시를 읽어 보세요.

운명 시(運命詩)

주야항시 작시념(晝夜恒時 作詩念)
사고변위 행동화(思考變爲 行動化)
행동변위 인격화(行動變爲 人格化)
인격변위 운명변(人格變爲 運命變)

밤낮으로 항상 이렇게 생각하라.
생각이 변하면 행동이 되고
행동이 변하면 인격이 되고
인격이 변하면 운명이 된다.

안녕!

하나님은 이 세상을 만들기 전에
뭘 만드셨어요?

다섯 살 먹은 어린아이의 질문입니다.

어린이 여러분, 하나님은 이 세상이나 저 세상을 만드신 일이 전혀 없습니다. 오히려 그 반대입니다. 무얼 만드신 게 아니고 온갖 중생들에게 무한한 가능성의 사랑을 베풀고 계실 뿐입니다. 하나님은 만물을 창조하지 않았습니다.

그림을 그리는 하얀 도화지를 비유로 증언하겠습니다. 하얗게 텅 비어 있는 도화지는 바로 하나님과 같은 성품입니다. 하나님은 하얀 백지처럼 그냥 하얗게 비어 있을 뿐입니다. 그러므로 이 세상이나 저 세상을 하나님이 만드신 게 아닙니다. 하나님은 우리들에게 무엇이든지 할 수 있는 무한한 가능성을 베풀고 계실 뿐입니다. 그러한 사실을 예를 들어서 이해를 돕겠습니다. 다시 말하면 하나님은 어린이 여러분들이 무엇을 어떻게 하고자 하면 그대로 이루어지도록 도와주는 분입니다.

또 비유하면 하얀 도화지와 같습니다. 텅 비어 있는 하얀 도화지의 백면에 어린이 여러분이 무슨 그림이든 마음대로 그리면 됩니다. 아무것도 없는 하얀 도화지에 일체 중생들이 어떤 그림을 그리든 하나님은 오직 맑고 깨끗하게 텅 비어 있습니다. 하얀 도화지처럼 말입니다. 하얗게 비어만 있습니다. 그러면 일체 모든 중생들이 제 마음대로 제가 좋아하는 그림을 그립니다.

만일 그대가 하늘을 그리고 싶으면 하얀 도화지에서는 파란 하늘이 드러나게 합니다. 만일 하늘에 별을 그리고 싶으면 하얀 백지와 같은 하나님은 밤하늘에 반짝이는 별들이 드러나게 합니다. 또 만약에 나쁜 마음으로 도깨비를 그리고자 하면 하나님과 같은 하얀 도화지는 무서운 도깨비도 드러나게 해줍니다.

저 천당과 지옥과 지구도 다 우리가 하나님과 같은 하얀 도화지 위에다가 우리들 스스로가 그린 그림들입니다. 만약에 정말로 이 세계와 저 천당을 하나님이 만드셨다면 참으로 저 하나님은 이상한 분입니다. 극락이나 천당을 만들지 않으시고 무엇 때문에 저 무시무시한 지옥을 만드셨으며, 저 살벌한 사막은 무엇 때문에 만드셨나요? 또 무엇 때문에 세상에 온갖 나쁜 사람들과 전쟁광들을 만드셨나요? 또 잘나고 못난 사람들은 무슨 재미로 만드셨나요? 그리고 세상에 못 고치는 암 같은 병은 어쩌자고 만드셨나요? 정말로 하나님이 만물을 창조하셨다면, 무엇 때문에 사람에게 잡아먹히는 짐승을 만드셨나요?

어린이 여러분, 그러므로 일반 종교에서 말하는 절대 신이 이 세상을 다 창조했다는 잘못된 믿음에 빠지면 안 됩니다. 실로 하나님이 모든 것을 다 창조했

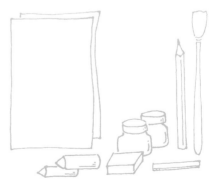

다면 하나님은 엄청난 무자비의 모순에 빠지게 됩니다. 공연히 막연한 믿음으로 맹랑한 고집과 억지를 부리게 되면 실로 이 사람들은 하나님을 크게 욕되게 하는 무뢰한들입니다.

분명한 진실은 하나님은 하얀 백지와 같을 뿐입니다. 그 하나님과 같은 하얀 백지 위에다가 누가 무엇을 그리느냐의 문제이지, 딱히 그것을 만든 절대자는 없습니다. 모두 우리 자신의 마음입니다. 우리들의 마음이 온갖 잡동사니를 다 창조해 놓았습니다. 하나님은 그 무엇도 창조하는 분이 아닙니다. 오로지 온갖 중생들이 스스로 짓고 있는 모든 세계와 부질없는 나쁜 정신들을 바로 잡아 주시고 온갖 사랑을 베풀어 주실 뿐입니다. 제아무리 절대의 신이라 하더라도 우리들이 먹고 있는 마음은 어떻게 할 도리가 없습니다.

하나님에게는 우리들의 마음속에 들어가서 착한 마음만을 내게 하고 나쁜 마음은 절대로 일어나지 못하게 할 재주가 만고에 없습니다. 그러므로 하나님은 그저 하얀 도화지와 같을 뿐입니다. 그 도화지에다가 누가 무슨 그림을 그리느냐 하는 문제는 오로지 우리들의 마음에 있습니다. 우리들이 마음을 어떻게 씀에 따라서 천당도 되고 지옥도 되고 할 뿐입니다.

알라, 천심들이여. 저 무한한 공간은 우리들에게 무한한 가능성을 지불하고, 저 무지한 중생들은 하루에 백천만 가지 사건밖에는 짓지를 못합니다. 저 모든 백천만 가지 사건의 해결사는 하얀 도화지에 흐르는 시간(時間)이로다!

안녕.

하나님만 믿으면
정말로 지옥에 가지 않아도 되나요?

찾아버지기
알려주는
100문 100답
007

네 살 먹은 어린아이의 질문입니다.

예, 맞습니다. 하나님의 말씀대로 착한 일을 하면 꼭 천당을 갑니다. 하지만 하나님의 말씀대로 행하지 않고 나쁜 짓을 계속하면 반드시 지옥을 갑니다.

믿음의 문제가 아닙니다. 몸으로 행하는 문제입니다. 이제 네 살이면 무슨 죄를 지었겠습니까? 꼭 천당을 갑니다. 지옥은 죄가 없이는 갈 수가 없습니다. 안심하세요.

하나님은 나를 낳아 주신 사랑하는 아버지와 어머니의 사랑보다도 몇 천만 배나 더 높고 깊은 사랑을 품고 계십니다. 우리 부모가 어린 자식들을 천금같이 애지중지하듯 하나님은 시도 때도 없이 우리들을 사랑하고 늘 잘 보호해 주십니다.

하나님은 죄가 있고 없고를 막론하고 모두를 다 사랑하십니다. 그래서 모두를 미움과 질투가 없는 천당으로 보내려고 애를 태우십니다. 그러므로 부디 착한 사람이 되어야 합니다.

하나님은 착한 사람이 되기를 간절히 바라십니다. 그러므로 모든 중생들이 천국에 태어나기를 바라십니다. 누구나 자비로우신 하나님을 늘 생각해야 합니다. 마치 부모를 잃어버린 자식이 사랑하는 부모님을 그리워하듯 하나님을 간절히 생각하면 하나님은 반드시 여러분들을 잘 보호해서 저 천국으로 꼭 데려갑니다.

하지만 하나님이 아무리 여러분을 사랑한다 하더라도 여러분이 하나님의 사랑을 믿지 않고 세상에 나쁜 짓을 골라 가면서 저지르게 되면 아무리 전지전능하신 하나님이라 하더라도 어떻게 손을 써 볼 도리가 없습니다.

그러므로 부모와 스승님께 항상 공손히 절을 잘하는 효성스러운 어린이가 되어야 합니다. 하나님은 항상 우리들이 착하게 사는지 나쁜 짓을 하면서 사는지를 늘 지켜보고 계십니다. 그러므로 항상 말과 행동을 조심해야 합니다.

하나님은 천당에 분명히 계십니다. 이 할아버지는 똑똑히 두 눈으로 하나님을 보았습니다.

안녕.

하나님의 나라는
하늘 위에 있나요?

네 살 먹은 어린아이의 질문입니다.

예, 그렇습니다. 분명히 하늘에 있습니다. 그렇기 때문에 실제로 보려고 하면 마음을 닦아야 합니다. 마음을 어떻게 닦느냐고요? 조용히 앉아서 몸과 마음을 촘촘히 느끼는 연습을 많이 해야만 합니다. 그러면 이상하게 몸도 잊어버려지고 마음도 잠든 것처럼 고요히 사라집니다. 그때 비로소 하늘나라가 보입니다.

지금 어린이가 물은 하나님도 실제로 만나볼 수가 있습니다. 하나님은 얼마나 친절하고 따뜻하신지 여러분의 어머니나 아버지의 사랑보다도 몇 천만 배나 더 자비롭고 따뜻하십니다. 그래서 만약 여러분이 실제로 하나님을 만나 보게 되면 여러분들의 눈에서는 마치 잃어버렸던 어머니를 만난 것보다도 몇 천만 배나 더 반갑고 기뻐서 저절로 폭포처럼 흐르는 눈물을 경험하게 될 것입니다. 너무나 감격해서 흘리는 대환희의 눈물입니다.

어린이 여러분, 하나님을 단 한 번이라도 꼭 만나 보세요. 우리가 쳐다보는 저 하늘 위에는 무수하게 많은 하늘나라가 있습니다. 우리와

35

같이 서로 사랑하는 애정이 있는 하늘을 욕계(欲界)라 합니다. 이 욕계에는 여섯 개의 천국이 별도로 있습니다. 이를 욕계 6천(欲界六天)이라고 합니다.

이 여섯 층의 높은 하늘은 우리 같은 사람들이 착한 선행을 얼마나 많이 했느냐 하는 수준에 따라서 낮고 높은 하늘에 가고 못 가는 결정이 이루어집니다. 또 욕계 6천을 지나서 더 올라가면, 찬란하게 빛나는 하늘이 있습니다. 이를 색계(色界)라고 합니다. 색계는 참 좋은 하늘입니다.

이 색계에는 열여덟 개의 계층으로 나누어진 하늘이 있습니다. 이 색계의 두 번째 하늘에 지구상에 사는 인류가 그리워하는 하나님이라고 부르는 대범천왕이 계십니다. 또 이 색계 18천을 지나면 무색계(無色界)라고 하는 하늘이 있는데, 여기에는 네 계층의 별스러운 하늘이 있습니다. 이래서 우리가 보통 말하는 하늘에는 스물여덟 개의 하늘이 있습니다. 이를 28천이라고 합니다.

안녕.

하늘은
어디에서 시작해요?

다섯 살 먹은 어린아이의 질문입니다.

마음에서 텅 빈 하늘이 시작되었습니다. 하늘은 마음을 제외하고는 시작된 곳이 없습니다. 없으므로 끝도 없습니다. 끝이 없으므로 시작되고 끝나는 곳 역시 있을 수가 없습니다.

세상에 온갖 것은 다 시작과 끝이 있습니다. 그러나 저 끝없는 무변 허공계는 시작된 곳이나 끝나는 곳이 전혀 없습니다. 저 허공이 시작한 곳과 끝나는 곳이 없으므로 어린이 여러분의 마음도 시작된 곳이나 끝나는 곳이 없습니다. 없기 때문에 우리들의 마음 가운데서 일어나는 번뇌 망상도 끝날 날이 없습니다.

다만 우리가 마음을 닦는 정신 수양을 잘 해서 마음이 소멸되고 나면 저 허공도 없어집니다. 허공을 만든 마음이 사라지고 나면 영원한 행복으로 가득한 깨달음의 세계가 환하게 열립니다.

안녕.

천사는
어디에 있나요?

다섯 살 먹은 어린아이의 질문입니다.

천사(天使)는 하늘에도 있고, 염라국(연옥)이라고 하는 저승에도 있습니다. 저 먼 타방 세계에도 천사들은 많습니다. 지금 우리가 사는 주변에도 천사는 수두룩합니다. 그런데 문제는 우리가 전설적으로 내려오는 천사의 개념을 잘못 이해하고 있는 데에 있습니다.

우리들의 삶 속에서 일어나고 있는 모든 자연 현상들을 일컬어 천사라고 합니다. 우리가 그 현상들을 보고 좋은 것은 그대로 배우고 나쁜 현상들은 미루어 보아 나의 모든 나쁜 생각과 나쁜 행동을 바로잡으면 그 모든 현상이 천사가 됩니다.

그런데 그러한 좋고 나쁜 현상들을 직접 보고서도 그것을 무의미하게 보고 가볍게 넘기면 천사라는 본래의 개념과 신념은 온 데 간 데 없어집니다. 만약에 그 모든 현상들을 직접 보고 듣고 체험도 하고 영험을 하면서도 그 모든 현상을 자기 인생 교본으로 삼지 않고 막행막식을 하면서 제멋대로 살게 되면 반드시 삼악도에 떨어지게 된다고 합니다.

시계는 나의 천사

나는 일곱 살 때 친구 형님이 손목에 시계를 차고서 멋지게 흔들고 다니는 모습을 보고서 어찌나 그 반짝거리는 시계가 보고 싶었든지 무척 아쉬워하다가 어느 날 친구의 집에를 갔답니다.

마침 친구 형님의 방에서 놀게 되었는데, 친구가 어머니 심부름을 간 사이에 혼자서 우연히 벽을 쳐다보았습니다. 그런데 뜻밖에도 그 신통방통한 조그마한 손목시계가 벽에 걸려 있지 않겠습니까.

그래서 바짝 벽으로 다가가서 자세히 들여다보았습니다. 빨간 초침이 뜀박질을 하면서 뱅뱅 도는 것이 어찌나 신기했든지 시계를 살짝 만져 보았습니다. 반들거리는 시계의 몸통을 만지작거리는 순간 가슴이 이상하게 뛰었습니다. 그래서 벽에 걸린 시계를 벗겨서 자세히 보기로 했습니다. 약간 떨리는 손으로 그 시계를 잡으려는 순간 안방에 계시던 친구의 어머니가 무슨 볼일로 문을 살짝 열고 들어오셨습니다. 어머니가 문을 여시는 소리에 얼마나 놀랐든지 손이 그만 시계의 몸통을 꼭 움켜쥐고는 조그마한 호주머니 속으로 들어가 버렸습니다.

어머니가 얼른 안방으로 건너가시기만을 기다렸지만 어머니의 볼일은 끝이 없는 듯싶었습니다. 할 수 없이 그 귀하고 신비로운 손목시계를 꼭 움켜쥐고 밖으로 나와 버렸습니다.

졸지에 나는 이상한 도적놈이 되어 버렸습니다. 하늘을 보아도 하늘이 "이 도둑놈아!" 하면서 호통을 치는 것 같고, 땅을 밟으니 땅도 "에잇 몹쓸 놈!" 하며 소릴 치는 것 같습니다. 길바닥에 오고가는 사람도 도적놈이라고 쳐다보지도 않는 것 같았지요. 그렇게도 신기하고 고귀하게 보였던 시계가 졸지에 철천지원수가 되어 버렸습니다. 그런데 '이놈의 시계를 어찌하면 좋을까?' 하고 혼자 속으로 전전긍긍하다가 그만 잃어 버리고 말았습니다.

친구의 형님은 아무래도 저놈이다 싶었는지 어느 날 밤에 아버지를 찾아와서는 귓속말로 무어라고 소곤소곤 하고는 돌아가셨습니다. 그 뒤에 참으로 놀라운 침묵의 사건이 있었습니다. 그 사건은 그렇게도 무서운 호랑이 아버지가 어떻게 그렇게도 무심한 표정으로 나를 보실 수가 있었는가 하는 것이있습니다. 무심히 보실 뿐 일언반구의 말씀도 없으셨습니다. '어떻게 묵묵히 그 형님의 시계를 변상해 주셨을까?' 하는 의문은 평생 내가 아버님에게 품어 온 무서운 존경심이었습니다.

나는 후일 어린 몸으로 일을 했습니다. 그렇게 번 품삯으로 아버님께 큼직한 손목시계를 하나 사 드렸습니다. 아버님은 아들이 피땀을 흘려서 사 준 그 시계를 평생 애지중지하면서 손목에 차고 사시다가 돌아가셨습니다. 끝까지 침묵으로 일관하셨던 아버님의 그 시계가 지금 나의 영원한 천사가 되어 있습니다. 그러므로 나는 평생 시계를 손목에 차지 않습니다. 천사님이 무서워서 말입니다.

어린이 여러분, 여러분의 천사님은 어떤 분이실까요? 가깝게는 부모님이시고 또 학교의 모든 선생님들입니다. 멀리로는 우주 대자연입니다. 이 모두는 우리의 스승님들이고 천사들입니다. 그러므로 옛 전설에 나오는 천사들이 반드시 천상에서 내려온 신이나 공중을 훨훨 날아다니는 신비스러운 전설의 존재가 아님을 아시기 바랍니다.

어린이 여러분, 우리들의 주변에는 우리들을 바르게 지도해 주시는 천사들로 가득합니다.

안녕.

잘못을 저질렀을 때는
어떻게 해야 하나요?

일곱 살 먹은 어린아이의 질문입니다.

참으로 착하고 착하구나. 착한 어린이여! '잘못을 저질렀을 적에 나는 어떻게 해야 좋을까?' 하고 생각했을 때 이미 그대는 새로운 마음으로 탄생을 했습니다. '잘못을 저질렀을 때는 어떻게 하면 좋을까?' 하고 뉘우치는 착한 마음이 일어났을 때 벌써 모든 나쁜 마음은 저 멀리 사라진 것입니다.

그 누구라도 스스로 행한 잘못은 찰나에 느낍니다. 번개같이 잘못한 허물을 느끼는 순간 모든 허물은 눈처럼 녹아 버립니다. 하지만 만약 자신이 행한 잘못에 대하여 조금도 반성의 여지가 없는 사람은 조그마한 잘못도 태산같이 무거운 죄가 되어 가시넝쿨처럼 무성히 자랍니다. 그러므로 어쭙잖은 나쁜 습관이나 하찮은 실수로 잘못을 저질렀다면 금방 뉘우치며 반성을 해야만 합니다. 만약 그러지 않으면 가벼운 허물도 잡초가 쑥쑥 자라듯 무성해집니다.

저 착한 어린이처럼 잘못을 범하는 즉시 '나는 어찌하면 좋을까?' 하고 근심하고 후회하고 뉘우쳤다면 이미 만 가지 악이 눈 녹듯이 다 소멸되어 버립니다. 그래서 우리는 항상 잘못은 바로 참회해야 합니다. 나쁜 말이나 나쁜 행동을 세 번 이상 거듭하게 되면 곧 습관이 되어 버립니다.

모든 범죄 심리는 반성하는 착한 뿌리(善根)가 없기 때문입니다. 잘못을 저질렀을 때 금방 '나는 어찌하면 좋을까?' 하고 근심을 하면서 반성하는 착한 마음을 선근이라 합니다. 누구나 저 어린이처럼 끝없는 반성과 참회를 하는 아름다운 마음이 있어야 합니다. 잘못을 저질렀을 때 '나는 어찌하면 좋을까?' 하고 반성하는 아름다운 마음 말입니다.

사실 우리의 삶에는 끝없는 참회가 따릅니다. 왜냐하면 그 누구라도 살아가는 데 있어서 크고 작은 죄를 항상 짓기 때문입니다. 죄는 허물을 말합니다. 허물은 시행착오에서 생깁니다. 그래서 늘 끝없는 참회를 해야만 합니다. 그런데 이렇게 반성하고 뉘우치며 참회를 했다고 해서 단박에 두 번 다시 같은 실수를 범하지 않는 사람은 없습니다. 깨달음을 얻은 성인이 되기 전에는 같은 실수를 거듭거듭 범합니다. 그러므로 항상 뉘우치며 참회하고 반성을 하십시오. 그렇게 하다 보면 언젠가는 말과 행동이 일치되는 성인이 됩니다.

저 바람이나 물은 곱고 부드럽습니다. 하지만 오랜 세월 동안 강과 바다의 바위나 암석에 부딪치고 스쳐 흐르며 깎고 다듬어서 반들반들한 조약돌을 만듭니다. 이와 같이 우리도 오랜 세월 동안 잘못을 반성하고 참회를 하게 되면 저 보이지도 않는 바람이 기암절

벽을 깎고, 곱고 부드러운 물결이 저 널찍한 반석을 만들 듯이 언젠가는 같은 허물을 두 번 다시 반복하지 않는 성인이 될 것입니다.

어린이 여러분, 반성하고 뉘우치는 것을 어려워하지 마세요. 또한 지겹게 생각하지도 마세요. 저 많은 성인들도 우리와 똑같은 후회와 참회의 시련을 숱하게 겪고 체험하신 후에 모두 성인이 되셨습니다.

안녕.

거짓말이
왜 나쁜 건가요?

일곱 살 먹은 어린아이의 질문입니다.

거짓말이 왜 나쁜가? 만약에 어린이 여러분이 길을 잃고 헤매고 있을 때 우연히 어떤 심술궂은 거짓말쟁이가 나타났습니다. 그 거짓말쟁이가 여러분이 찾는 길을 바로 가르쳐 주지 않고 거짓말로 엉뚱한 길을 가르쳐 주었다면, 여러분은 찾아가야 할 길을 잘못 알고 경황없이 헤매게 될 것입니다. 그때 여러분의 절박한 심경은 어떨까요? 좋을까요? 이와 같이 거짓말로 남을 속이기를 즐기는 사람은 세세생생에 길을 잃고 헤매는 미친 과보를 받는다고 합니다.

어린이 여러분도 혹 보았을 것입니다. 미쳐서 산이나 들이나 도시 골목을 정신없이 헤매고 다니는 가련한 광인들을 생각해 보세요.

거짓말과 허망한 말의 업보(業報)이야기

아주 먼 옛날에 한 여인이 남편과 아이들과 함께 친정 나들이를 가는 길에 그만 남편은 호랑이가 물어가고, 아들 둘은 강물에 떠내려갔습니다. 그리고 자신은 도적에게 끌려가 살면서 뱃속에서 금방 나온 핏덩이 자식을 먹는 기구한 운명이 되었습니다.

더욱이 기가 막힌 것은 도적의 마누라라는 죄명으로 나라의 법에 걸려서 생매장을 당하는 처지가 되었습니다. 그런데 부인은 죄질이 가볍다 하여 반신만 땅속에 묻히는 반사장(半死葬)에 처해졌습니다. 반사장이란 하반신만 땅에 묻고 상반신과 얼굴을 밖으로 노출시키는 형벌을 말합니다.

그때 마침 석가 세존께서 많은 제자들과 함께 산림으로 돌아가시는 길에 반사장을 당하고 있는 이 가련한 여인을 만나게 되었습니다. 이를 본 아난과 큰 제자들이 여인을 구해 주었습니다. 당시의 법으로는 만약 반사장을 당한 죄인을 누가 구해 주면 죄인도 구해 준 사람에게도 죄를 묻지 않습니다.

아난과 많은 제자들이 여인에게 무슨 사연으로 이 지경이 되었느냐고 물었습니다. 불제자들의 호의로 기력을 회복한 여인은 자초지종을 이야기했습니다.

"저는 인도의 갑부 노지 장자의 큰딸이었습니다. 그런데 집안의 몸종이었던 젊은 남자와 눈이 맞아서 저는 부모님 몰래 그 젊은이와 외국으로 도망을 쳐서 부부로 살았습니다. 우리는 노력한 끝에 잘살게 되었습니다. 하지만 아무리 잘살아도 그리운 부모님의 생각을 잊을 수가 없었습니다. 그래서 우리 내외는 큰마음을 먹고 친정을 찾기로 하고 참으로 행복한 여행을 떠났습니다.

남편은 무거운 짐을 잔뜩 짊어지고, 일곱 살 난 큰아들은 걸리고, 둘째 아들은 제가 등에 업고, 또 제 몸속에는 곧 태어날 자식이 하나 더 있었습니다. 이렇게 온 가족이 머나먼 길을 가다가 너무나 지치고 날도 너무나 무덥고 해서 큰 나무 그늘에서 잠시 쉬고 있었습니다.

남편은 무거운 짐을 벗어 놓고 잠깐 누웠다가 금방 잠이 들었나 봅니다. 갑자기 이상한 소리가 들려서 돌아다보니 큰 호랑이가 남편의 목을 물고 풀숲 속으로 사라지고 있었습니다. 놀란 나머지 저는 고래고래 소리를 지르며 호랑이의 뒤를 따라가다가 너무나 기가 막히고 애달파 울다가 지쳐서 쓰러졌다가 다시 일어났습니다.

겨우 기력을 차려 애들을 데리고 친정으로 가기로 마음을 먹었습니다. 친정으로 가자면 큰 강을 하나 건너야 했습니다. 그래서 큰애는 걸리고 작은애는 등에 업고 머리에는 짐 보따리를 이고 얕은 강물로 들어섰습니다. 강으로 절반쯤 들어섰을 때에 뜻밖에도 강 상류에서 큰 물결이 노도처럼 무섭게 밀려 내려왔습니다.

그때에 사납게 밀려온 강물에 큰애가 먼저 강물에 쓸려서 떠내려갔습니다. 애를 붙잡으려 어찌어찌 하는 순간 등에 업혀 있던 작은애까지 물에 빠트리고 말았습니다. 아연실색하면서 두 애를 건져 보려고 발버둥 치다가 저도 무정한 강물에 빠져 혼절을 하고 말았습니다.

무엇이 저를 냅다 걷어차는 바람에 정신이 번쩍 들었습니다. 눈을 떠보니 무시무시하게 생긴 도적떼 두목이 저를 발길로 걷어차고 있었습니다. 어느 도시 마을을 습격한 오백 명의 도적떼가 마침 지나다가 저를 발견했나 봅니다. 도적의 두목이 산 물귀신이 다 되어 버린 저를 도적의 소굴로 데려갔습니다.

산중 토굴에다가 저를 밀어 넣는 순간 뱃속에 있던 애를 낳게 되었습니다. 그러나 제가 금방 낳은 핏덩이를 도적의 두목은 펄펄 끓는 물에다가 넣어 삶아 가지고는 저에게로 와서 '오늘 너하고 나하고 신방을 차리는 날이다. 이 고기로 한잔 하자꾸나.' 하면서 강제로 먹게 하였습니다.

이튿날 날이 훤하게 밝아 오자 나라의 토벌대가 도적의 무리들과 두목을 생포해서 데려갔습니다. 저는 두목의 계집이란 죄명으로 지금 이 지경이 되었습니다. 제가 전생에 무슨 죄를 많이 지어서 이렇게 기구한 업보를 받나이까?" 하면서 가련한 여인은 하염없이 울었습니다.

부처님의 제자들은 너무나 놀라운 사연을 듣고는 부처님께 여쭈었습니다.

"세존이시여! 저 여인은 전생에 무슨 죄를 지어서 저렇게 무섭고 지독한 업보를 받았나이까?"

세존은 조용히 말씀하셨습니다.

"저 부인은 먼 옛날에 재력가의 부인이었다. 그때에 부부의 금슬은 좋았으나 무슨 까닭인지 임신을 할 수가 없었다. 사랑하는 남편의 입장으로 생각을 해보면 대를 이을 손이 끊어지므로 부부는 상의 끝에 할 수 없이 후실을 두게 되었다. 그 후실은 곧 귀여운 아들을 낳았다.

그런데 부인은 점점 견딜 수 없는 증오심으로 나날을 어렵게 보내던 중 어느 날 귀여운 아기를 데리고 혼자서 집을 지키고 있었다. 애를 귀애(貴愛)하면서도 이 아들 때문에 모든 것을 다 잃었다 생각하니 귀여운 아기가 더 없이 밉다는 증오심으로 삭신이 떨렸다. 같은 여자로서 애를 못 가지는 자신에 대한 괴로움과 이 아기 때문에 자신의 모든 것을 빼앗겼다는 슬픔이 북받쳐 오르자 안락하게 잠을 잘 자고 있는 애의 숨골 백호에다가 긴 바늘을 찔러 넣고 말았단다.

졸지에 애가 발버둥 치다가 숨을 거두는 모습을 보고는 스스로 저지른 어처구니없는 미친 짓에 죽은 애를 안고 하늘을 우러러보면서 하소연을 했다. '복 없는 여자가 애를 품에 안으니 멀쩡한 애가 요절을 했소이다.' 하면서 이웃들이 다 듣고 보란 듯이 펄펄 뛰면서 거짓 변명을 했단다.

밖을 나갔다가 애가 급사했다는 급보를 받고 화급히 달려온 남편은 보나마나 본처의 소행이다 싶은 생각에 몸서리를 치면서 원망을 했다. '여보, 이게 무슨 일이오. 당신은 어찌하여 나에게 이렇게 못할 짓을 하시오. 나의 대를 끊는 게 당신의 소원이었단 말이오? 참으로 너무하오.' 하면서 땅을 치며 울었다. 같이 따라 들어온 아기의 어미도 죽은 아기를 부둥켜안고 쓰려졌다가 일어나며 '죽이려면 나를 죽일 일이지, 젖먹이가 무슨 죄가 있다고 자식을 죽였나요?' 하면서 애통하게 뒹굴며 통곡을 했다. 부인은 남편과 후실이 제 눈으로 똑똑히 다 본 듯이 원망을 하는 모습에 놀라워하며, 하늘을 우러러보면서 거짓 변명을 했다. '내가 정말로 아이를 죽였다면, 내 남편은 호랑이에게 물려갈 것이고, 내 아들은 물에 빠져 죽은 물귀신들이 될 것이고, 또한 내 뱃속의 내 새끼를 삶아서 술안주를 해서 내가 먹으리라.' 하고는 '천지신명님께 비나이다. 저의 이 억울한 누명을 증명해 주소서.'라고 하면서 무서운 거짓 망언을 했단다.

그때에 하늘을 보고 거짓말로 변명을 한 부인이 바로 저 여인이다. 자신이 한 말 그대로 금생에 와서 다 받게 되었느니라."

어린이 여러분, 누구나 자기가 지은 대로 빠짐없이 다 받는다는 업보의 이러한 사실 내용은 대각을 성취하신 부처님이 아니고는 그 누구도 모른다고 합니다. 그래서 할아버지가 부처님이 밝히신 거짓말과 허망한 말의 그 업보가 얼마나 무서운가를 말씀하신 불교 경전의 기록을 가지고 여러분들에게 이야기했습니다. 이제 왜 거짓말과 허망한 말을 하면 안 되는가를 잘 아셨겠지요?

  안녕.

선과 악을
어떻게 구분할 수 있나요?

열세 살 먹은 초등학생의 질문입니다.

대개의 사람은 누가 선하고 누가 악한지를 금방 알 수 있습니다. 산천에 피고 지는 꽃들조차도 선한 사람과 악한 사람을 금방 알아봅니다. 만약 그대가 선한 사람인가 악한 사람인가를 스스로 알고자 하면 화분에 꽃을 심어 놓고 키워 보십시오. 그대가 선한 사람이라면 심어 놓은 화분의 꽃이 금방 싱싱하게 살아나는 것을 볼 수 있을 것입니다. 하지만 그대가 악한 성질을 가지고 있다면 한 번 그 꽃잎을 만져만 보아도 금세 꽃잎이 시들어 버립니다.

어항에 붕어를 키워 보아도 바로 알 수가 있습니다. 만약에 정신병 환자가 집안에 들어와서 그 어항의 고기를 보면 금방 죽기도 하고 고기들이 몹시 불안해서 날뛰는 모습을 볼 수 있습니다.

또 개도 키워 보면 선하고 악한 사람을 금방 알아봅니다. 집안의 식구들이 선량하면 키우는 개도 온순합니다. 하지만 집주인이 포악하고 식구들의 성질이 고약하면 개도 어찌나 사납고 앙칼스러운지 이웃집의 친한 친구도 그 집에 놀러 오지를 못합니다.

특히 개는 3,000종의 냄새를 정확히 맡습니다. 악한 사람은 그들의 몸에서 악취도 심하지만 개는 그 냄새의 성질을 알기 때문에 벼락같이 달려들어 물어 버립니다. 반대로 착하고 선량한 사람의 냄새를 좋아하는 진돗개의 경우는 사납게 짖지도 않습니다.

보세요, 저 짐승이나 산천초목도 선악을 잘 분별하는 신경이 있는데, 어찌 사람이 착하고 악함을 알아차리는 직감이 없겠습니까? 하물며 마음이 맑은 거울 같은 어린이 여러분들이 어찌 선하고 악한 사람을 몰라보겠습니까?

안녕.

하나님은
왜 귀찮게 벌레를 만드셨지요?

다섯 살 먹은 어린아이의 질문입니다.

어린 손자여, 저 하나님은 너같이 잘생긴 사람이나 징그러운 벌레를 만들지 않았단다. 정말로 하나님이 만물을 모두 다 창조하셨다면 무척 심술궂은 하나님이 되고 말 것이다. 절대로 하나님은 세계와 중생을 만들지 않았단다. 사람이나 벌레 그 모두가 제 스스로 허망한 제 마음을 가지고 자신들을 만들었단다. 마치 아빠 엄마가 서로 사랑하는 마음을 가지고 너를 만든 것처럼 말이다.

우리가 태어나게 된 그 까닭을 비유로 설명해 보겠습니다.

우리는 맛있는 음식을 보면 저절로 입안에 침이 고입니다. 그러면 입에서 생긴 침을 하나님이 만드셨나요? 이와 같이 우리들 엄마 아빠가 어울리면서 서로 사랑하는 애정이 생겼습니다. 그 사랑하는 애정 속에 여러분의 중음신(中陰身)이라 하는 영혼이 들어갔습니다. 마치 꿈에 좋은 꽃 궁전을 보고 좋아하여 그 궁전으로 뛰어들 듯이 그렇게 우리는 아빠의 징검다리를 타고 어머니의 자궁 속으로 들어갔습니다.

저 굼실굼실 기어 다니고 날아 다니는 모든 벌레들도 우리가 엄마 아빠로부터 생겨났듯이 중생들의 마음속에 먼지 같은 번뇌(벌레)들이 자연 환경 속에 깊이 들어가면서 온갖 벌레를 만들어 냈습니다.

온갖 벌레들이 변화하는 기운을 만나면서 화생과도 되고, 축축한 습기를 만나면서 습생과의 지렁이도 되듯이, 모두가 우리들의 번뇌 망상이 온갖 둔갑을 하면서 무량한 벌레와 바이러스와 세균도 생산해 놓았습니다.

아! 보라, 저 태양같이 밝게 빛나는 하나님이 어찌 저다지도 추하고 못생긴 사람이나, 만 번을 보아도 만 번을 기겁하게 하는 징그러운 벌레들을 만들겠는가?

저 높은 초월의식 속에 상주해 계시는 하나님은 중생들의 마음으로부터 창조된 온갖 생명들의 무량한 고뇌와 고통을 모두 사랑으로 벗겨 주시고 계실 뿐입니다.

그러므로 우리는 하나님에게 지극한 마음으로 항상 경배를 해야만 합니다. 왜냐하면 그래야만 지금 나와 저 벌레들을 세월없이 만들고 있는 온 인류의 어리석은 마음의 망상을 빛나는 지혜로 변형시켜 주시기 때문입니다.

어린이 여러분, 하나님은 결코 저 우주와 세상의 사람과 저 숱한 벌레를 만들지 않았습니다.

안녕.

왜 밤이 있고
낮이 있어요?

여섯 살 먹은 어린아이의 질문입니다.

어린이 여러분, 만약에 밤과 낮이 없다면 지구촌에 살고 있는 모든 생명은 모두 미쳐 버릴 것입니다. 그 까닭은 모든 생명들은 두뇌가 두 쪽으로 나뉘어 있기 때문입니다. 한쪽의 뇌는 의식계로서 주로 밝은 대낮에 활동을 하고, 한쪽의 뇌는 무의식계로서 주로 밤에 잠을 편안히 자게 합니다.

그런데 만약 낮과 밤이 없다면 낮에는 활동을 못하고, 밤에는 잠을 전혀 자지 못합니다. 만약 잠을 자지 못하면 사람은 정신 분열이 일어나서 실성하게 됩니다. 동물뿐만 아니라 지상에 살고 있는 모든 식물도 한가지입니다. 저 풀과 나무도 낮에는 빛을 받아 성장을 합니다. 그리고 밤에는 야음의 기를 받아서 안식을 합니다. 그러므로 밤과 낮은 우주가 지구촌 생명들에게 조건 없이 베푼 배려 깊은 사랑입니다.

시골에 사는 촌로(村老)가 도시의 도로 주변을 걷다가 가로등 주변 여기저기에 피어 있는 코스모스 꽃을 보고는 하도 이상타 싶어서 그 코스모스에게 물어 보았습니다.

"너는 제철도 아닌데 왜 벌써 피었니?"

그랬더니 그 코스모스가 이렇게 대답을 하더랍니다.

"할아버지, 지금 세상에 밤과 낮이 어디 있어요? 제 머리 위를 쳐다보세요. 저렇게 밤낮 없이 등불이 밝혀져 있으니 나도 정신없이 자라 제철도 모르는 잡꽃이 되었답니다."

안녕.

왜 다양한
색깔이 있나요?

열 살 먹은 초등학생의 질문입니다.

어떻게 해서 세상에는 여러 가지 색깔이 있느냐고 물었습니다. 그것은 하늘에 밝게 빛을 내고 있는 태양의 빛 때문입니다. 태양빛 속에는 8만 4천 종의 불가사의한 색이 있습니다. 이 태양빛이 통과하는 하늘은 프리즘과 같은 역할을 합니다. 그 하늘의 공간을 지나면서 태양의 빛은 다양한 색깔을 발산하게 되었습니다.

모든 색깔이 생기는 이치를 간단하고 정확하게 말하자면 '빛의 각도'입니다. 이로 말미암아 지구촌에는 팔만 사천 종류의 빛깔과 수많은 색깔이 있게 되었습니다.

안녕.

우리는 왜
공부를 해야 하나요?

열세 살 먹은 초등학생의 질문입니다.

초등학교 3학년에 재학 중인 톰슨은 학교에서 선생님들이 가르쳐 주시는 공부에는 깨알만큼도 관심이 없었습니다. 그러므로 학교에서 치르는 시험 답안지는 늘 그대로 선생님께 돌려 드리곤 했습니다. 선생님은 생각다 못해서 톰슨의 부모님을 만나 보기로 했습니다. 톰슨의 아버지는 유명 대학의 물리학 교수였습니다.

선생님은 심각한 톰슨의 교육 문제를 부모님께 고백을 했습니다.

"문장을 읽고 외우고 쓰라 하면 '내가 왜 그 글을 읽고 외우고 써야 하는데요?' 하고 묻기만 합니다. 수학 문제를 잘 풀고 이해를 쉽게 하자면 반드시 구구단을 외우고 또, 모든 수학의 공식을 잘 익혀 두어야만 앞으로 어려운 수학 문제를 풀 수가 있다고 하면 '내가 무엇 때문에 그 머리 아픈 수학 공부를 꼭 해야 하는데요?' 하면서 항상 반문만 할 뿐, 도무지 가르침을 받아들이려고 하지 않습니다. 그래서 부모님께 톰슨을 어떻게 지도를 하면 좋을까 해서 찾아왔습니다."

교수 부부는 일단 자식의 무례함을 사과 드렸습니다. 그리고 자식의 사고방식을 바로잡아 보겠다고 약속했습니다.

마침 밖에서 놀다가 돌아온 톰슨을 아버지가 불렀습니다.

"톰슨아!"

"예?"

"너 나하고 잠깐 산책이나 하자꾸나."

조용하신 아버지의 말씀을 듣고는 저도 무언가 좀 심각했던지,

"예, 아버지 같이 놀러 가겠습니다."

성격이 워낙 활달한 놈이라서 거부감 없이 아버지를 따라나서는 아들이 기특했습니다. 한참을 걸으시던 아버지가 톰슨에게 물어 보았습니다.

"너 학교엘 왜 다니느냐?"

톰슨은 기다렸다는 말씀이란 듯이 얼른 되받아 물었습니다.

"아버지, 무엇 때문에 꼭 학교엘 다녀야 하나요? 그리고 무엇 때문에 그렇게 어려운 수학 문제들을 배우고, 맨날 시험이나 보고 숫자풀이를 해야 하나요?"

아들의 질문을 받은 톰슨의 아버지는 빙그레 웃으면서 조용히 말씀하셨습니다.

"그래, 네 생각처럼 무엇 때문에 학교를 가야 하고 또 온갖 학문을 배워야 하느냐 하는 문제는 다름 아니란다. 바로 모든 학문은 인류의 약속 언어이기 때문이란다. 지구촌 온 인류가 편리하게 서로 의사를 소통하면서 수월히 잘 살자면 온갖 학문을 다 배워서 익혀야만 한단다. 온 인류가 약속한 언어이기 때문이다."

아버지의 말씀이 채 끝나기도 전에 톰슨이 배를 잡고 웃으면서 말하

였습니다.

"아버지, 왜 진즉에 모든 문학은 인류의 약속 언어라고 말씀해 주시지 않았나요. 하하하! 이제 알았습니다."

톰슨은 지금 세계적인 유명 대학의 교수가 되어 있습니다.

요즘, 어떤 친구가 영어를 배운다고 영어 학원을 열심히 다니고 있습니다. 이를 본 이 할아버지가 그 친구에게 물어 보았습니다.

"자네가 무엇에 쓰려고 다 늙어 가지고 영어 공부를 한다고 야단인가?"

칭찬 반 조롱 반으로 말을 했더니 대뜸 하는 말이 "야! 이 친구야, 나 요새 말이다. 미국 여자하고 한참 열애를 하는 중이다."라고 말했습니다.

어린이 여러분, 만약에 미국에 사랑하는 친구와 애인이 있다면 여러분은 서로 의사를 소통하기 위해서라도 기필코 영어 공부를 열심히 할까요? 아니 할까요? 만일 여러분이 장차 과학자가 되고 싶다면, 아무리 어려운 고등 수학이라도 열심히 공부를 해야겠지요.

어린이 여러분, '왜 공부를 해야 하는가?' 하는 의문의 정확한 해답은 간단합니다. 모든 학문은 인류의 약속 언어이기 때문입니다. 여러분이 인간 세상을 제대로 살자면 반드시 공부를 해야만 온 세계인과 더불어 편안하게 수월히 잘 살 수가 있어요.

안녕.

왜 동물은
말을 못하나요?

네 살 먹은 어린아이의 질문입니다.

어린 동남동녀들이여!

동물이라고 해서 말을 못한다고 생각을 하면 안 돼요. 동물들도 저마다 독특한 말을 가지고 있습니다. 다만 사람들처럼 복잡하고 다양한 언어가 없을 뿐입니다. 저 허공을 나는 모든 새들은 얼마나 많은 말을 가지고 있는데요. 다만 우리들이 쓰는 용어가 아닐 뿐입니다. 같은 사람이라도 남의 나라에 가면 그들이 주고받는 대화의 말소리를 전혀 이해하지 못함과 같을 뿐입니다.

심지어 벌레도 독특한 언어를 사용합니다. 날아다니는 벌이나 나비의 종류들은 텔레비전 안테나 같은 수염이 머리 부분에 붙어 있습니다. 이 안테나로 향기의 파장도 잡고, 색깔의 파장을 읽으면서 어디쯤에 무슨 꽃이 있는가를 다 압니다. 이렇게 감지하는 파장도 모두 언어와 똑같은 기능을 합니다. 그래서 공중을 나는 새나 나비와 벌들은 자연이 발산하는 빛이나 소리나 향기를 감지하는 독특한 센서를 가지고 있습니다. 이 모두가 그들의 말입니다. 동물들은 주로 소리의 울림을 감지해서 언어로 대용을 합니다. 어떤 파충류는 주로 자신의 몸을 가지고 의사를 전달하는 신어(身語)를 사용합니다. 그래서 몸의 동작 하나 하나가 모두 언어입니다.

더더욱 놀라운 말소리는 천상 사람들의 언어입니다. 천상 사람들은 생각이 곧 언어입니다. 이를 의어(意語)라 합니다. 그래서 하늘나라 사람들은 머나먼 타방 세계의 사람들과도 마음대로 의사소통을 합니다. 흡사 오늘날 우리들이 휴대폰으로 먼 나라 사람들과 서로 보고 이야기를 하듯 합니다. 그러므로 어린이 여러분들은 절대로 우리와 같은 언어를 쓰지 않는 동물들이라고 해서 저들이 말을 못한다고 생각해서는 안 됩니다.

만약 여러분이 마음을 닦는 참선 공부를 열심히 하게 되면 저절로 저 모든 생명들과 마음대로 의사소통을 할 수가 있습니다. 이런 지혜를 언어다라니(言語多羅尼)라 합니다. 만약 언어다라니를 얻고 나면 일체 중생들의 말을 다 알아듣기도 하고 그들의 말도 다 할 수가 있습니다. 심지어 수천 년 전에 생존해 계셨던 성인들과도 대화할 수가 있습니다.

어린이 여러분, 마음을 고요히 하는 마음공부를 열심히 하세요. 그러면 지금 이 할아버지가 말하는 이야기가 모두 진실임을 깨닫게 됩니다.

안녕.

자유가
뭐예요?

할아버지가
알려주는
100문 100답
019

열한 살 먹은 초등학생의 질문입니다.

'자유(自由)'라는 단어는 우리말로는 '나로부터'입니다. 자유(自由)를 더 줄여서 표현하면 '나 때문에'란 뜻입니다. 이 자유의 반대말은 '타유(他由)'입니다. 타유는 풀어 보면 '너 때문에'란 뜻이 됩니다.

미국 사람의 자유는 동양의 자유와 그 뜻이 판이하게 다릅니다. 미국 정치 사상가들이 말하는 자유에는 두 가지의 뜻이 있습니다.

첫째로는 현행 국법이 정한 법 테두리 안에서 도덕과 윤리를 잘 지키면서 살아가는 삶을 자유라 말합니다.

두 번째 뜻으로는 누구나 천부적으로 타고난 고유한 자주권 행위를 자유라 표현합니다.

하지만 우리의 본래 자유는 모든 허물은 내 탓으로 돌리고, 모든 공은 남에게로 돌리는 갸륵한 마음입니다. 좋은 일을 한 공은 모두 남에게로 돌리고, 모든 잘못된 흉과 허물은 전부 내 탓으로 돌리는 가장 아름다운 마음을 자유라고 합니다.

이렇게 아름다운 진정한 자유는 우리 어머니들에게만 있습니다. 우리 어머니들은 여러분들이 자라면서 온갖 속을 다 태우고 속을 썩여도 "내가 지은 죄가 많아서." 하시면서 괴로운 심정을 자신의 죄로 돌리는 진정한 자유로 고달픈 마음들을 달랬습니다.

반대로 금세기의 많은 정치가들은 타유(他由)를 자유로 착각하고 있습니다. 그래서 정치가들은 세월없이 남의 탓만 합니다. 얼마 전 돌아가신 김수환 추기경께서는 정치꾼들이 망쳐 놓은 자유를 바로잡는 데 많은 노력을 하셨습니다. 그 일환으로 시중을 쏘다니는 택시 뒷유리에 '(모든 것은) 내 탓이요'라는 표어를 붙이고 다니도록 하셨습니다. 진정한 자유의 캠페인을 벌이셨던 것입니다.

세상에 몹쓸 정치꾼들이 남을 헐뜯는 말로 네 탓이란 타유를 가지고 내 탓을 의미하는 자유로 둔갑시켜 가지고는 온 세상을 혼란스럽게 하고 있습니다.

추기경께서 '내 탓이요'라고 하신 진정한 자유의 캠페인은 금세기 몹쓸 정치인과 더불어 온 인류에게 일침을 가하신 엄숙한 자유의 메시지가 되었습니다.

보세요. 우리 어머님들의 자유의 삶을, 모든 허물은 자신에게로 다 돌리시고 모든 공은 다 자식들에게로 돌리신 거룩한 우리 어머님들의 진정한 자유를 우리는 진작 깨달았어야만 했습니다.

저 미국 뉴욕 바닷가에서 지금도 쓸쓸이 외롭게 서 있는 '자유의 여신상'의 주인공은 서양 여인이 아니라 우리 동양 여인이라고 하는 얘기도 있습니다.

본래 자유의 개념을 왜곡되게 인식한 서양의 사회풍토로 본다면 서양 여인은 분명 아닙니다. 내 탓으로 돌리는 동양 여인의 정신을 신상으로 표현해 놓은 것이라 해야 옳습니다.

성서에서도 내 탓으로 돌리라는 거룩한 말씀이 얼마나 많이 기록되어 있습니까?

어린이 여러분, 자유가 무엇이냐고요?

일찍이 석가 세존께서는 자유의 깊은 뜻을 이렇게 시로 읊어 놓으셨습니다.

일체를 내 탓으로 돌리면 스스로 행복하고
일체를 남의 탓으로 돌리면 스스로 괴롭다.
일체자유 자재안락(一切自由 自在安樂)
일체타유 자재고뇌(一切他由 自在苦惱)

안녕.

모두가 잘사는 사회가
될 수는 없나요?

열두 살 먹은 초등학생의 질문입니다.

어린이 여러분, 모두가 잘사는 사회는 온 세계인의 꿈입니다. 하지만 역시 꿈입니다. 꿈이란 잠이 깨면 아무것도 없듯이 다 허망한 것이란 뜻입니다.

역대의 모든 제왕과 정치 지도자들의 희망과 꿈도 역시 어린이의 바람처럼 온 인류가 공평하게 잘사는 사회를 만들어 보자는 것이었습니다. 바로 이러한 인류의 줄기찬 희망과 바람으로 오늘날 전 세계는 저 먼 옛날보다는 훨씬 두루 공평하게 잘사는 사회가 되었습니다.

하지만 저 북쪽의 우리 동포들의 굶주린 생활고를 보십시오. 같은 민족으로서 눈 뜨고는 볼 수 없는 비참한 생활을 합니다. 어찌 저 북쪽 민생들뿐이겠습니까. 저 중동의 소말리아 같은 나라는 말할 것도 없고, 전 세계적으로 본다면 먹을 것이 없어서 굶어 죽는 가련한 사람들이 엄청나게 많습니다.

어린이 여러분, 모두가 잘사는 사회는 비록 이룰 수가 없는 인류의 희망과 꿈일지라도 우리는 항상 모두가 잘사는 사회를 만들겠다는 피나는 노력을 저버리면 절대로 안 됩니다. 바로 그 희망과 꿈이 진정한 사랑이기 때문입니다.

같은 것은 하나도 없다

인도에서 다섯 살 난 어린이가 모두가 공평한, 같은 것을 찾아서 먼 여행을 떠난 이야기입니다.

"할아버지, 모든 종교에서는 진리는 평등해서 모두 같다고 하던데요. 정말로 같은 것이 있을까요?"

다섯 살 난 어린 손자가 백발이 된 할아버지에게 물었습니다.

"손자야, 같은 것, 즉 여여(如如)를 믿음이나 말이나 글로는 찾지 말거라."

예부터 인도인들은 제3의 눈을 가지고 살았습니다. 그래서 인도인들은 제3의 눈을 뜻하는 상징으로 눈과 눈 사이 미간에다 붉은 점을 찍고 다녔습니다. 바로 그 붉은 점이 곧 양면을 보는 진리의 눈을 상징합니다. 진리를 보는 제3의 눈의 속성은 두 개의 눈으로 보는 일반 속인들과는 다른 시각을 가지고 삽니다. 일반 사람들의 두 개의 눈으로는 이쪽과 저쪽 양면을 보는 제3의 눈을 알지 못합니다.

저 제3의 눈의 속성은 아주 차원이 높습니다. 무슨 말인가 하면, 있고 없고를 보는 두 개의 눈을 보는 영감의 눈을 제3의 눈이라 말합니다.

실례로 밝고 어둡고를 우리는 두 개의 눈으로 봅니다. 밝으면 본다고 말하고 어두워서 캄캄하면 못 본다고 말합니다. 하지만 제3의 눈으로 본다면 있는 것도 보고 없는 것도 역시 다 봅니다. 밝고 어두운 것 역시 동시에 다 봅니다. 이렇게 양면을 보는 시각에 있어서 보고 못 보고가 어디 있습니까? 보고 못 보고를 다 깨닫고 아는데 말입니다.

실제로 제3의 눈은 눈을 떠도 보고 감아도 봅니다. 이렇게 보는 그 시각의 성품에 있어서는 항상 같아서 여여합니다. 보는 성품에야 무슨 변고가 있습니까?

이 모양으로 밝고 어둡고, 선하고 악하고, 평등하고 불평등한 그 양면을 보는 여여한 시각의 성품을 법성(法性)이라 하고 이를 진리의 눈이란 뜻에서 법안(法眼)이라고 말합니다.

동자는 할아버지의 한결같이 여여한 제3의 눈 이야기를 듣고는 벌떡 일어서면서 대뜸 말합니다.

"그러면 같은 것, 여여(如如)를 어떻게 하면 찾나요?"

투명한 눈빛으로 할아버지에게 다그쳐 물었습니다.

할아버지는 바람소리 물소리 같은 조용한 어조로 말씀하셨습니다.

"진리는 자신이 몸소 행하는 체험을 통한 영험이고, 영험을 통해서 같은 것도 없고 다른 것도 없는 여여를 깨칠 수가 있단다. 비유하면 체험은 꽃나무가 자라남과 같고 영험은 꽃망울이 맺음과 같다. 마침내 저 꽃 망울이 꽃을 활짝 피움이 곧 여여를 성취하는 깨달음이니라."

손자는 할아버지의 말씀의 뜻을 금방 알아차리고는,

"제가 곧 제 손과 발로 저 여여(如如)를 찾아보겠습니다. 만약 제가 같은 것, 여여를 찾는다면 영원히 집으로 다시 돌아오지 않겠습니다. 하지만 여여를 못 찾으면 다시 할아버지에게로 돌아올게요." 하고는 한결같이 평등한 여여를 찾아서 어디론가 먼 여행을 떠났습니다. 그런데 그 할아버지의 손자는 수천 년이 지났지만 지금도 소식이 없다고 합니다. 그래서 누가 할아버지에게 물어보았다고 합니다. "손주가 보고 싶지 않습니까?" 하고요. 동자의 할아버지는 빙그레 웃으며 말하였답니다.

"항상 여기에 나와 같이 있는 걸, 하하하하!"

어린이 여러분, 똑같이 평등한 깃은 없습니다. 여여한 진리는 있습니다. 여여한 것도 없는 무등등(無等等)으로 우리는 빨리 돌아가야만 합니다. 평등하고 말고도 없는 영원한 평화를 위하여……

안녕.

행복이 무엇인가요?
어떻게 하면 행복해지나요?

할아버지가
알려주는
100문 100답
021

　얼마 전 통영에서 성폭행으로 목숨을 잃은 어린 12세 소녀가 담임선 생님께 물었다고 하는 질문입니다.

　여기 저 가련한 소녀가 행복의 정의와 행복의 길을 물었습니다. 물론 좁은 교실에 서 계시는 담임선생님께 한 질문입니다. 하지만 지금은 아닙니다. 온 인류에게 묻고 있습니다. 행복이 무엇이냐고, 어떻게 하면 행복해지느냐고 묻고 있습니다.

　온 인류는 저 가련한 소녀의 절박한 물음에 시원한 답을 주어야만 합니다. 그래야만 우리들에게 속죄의 길이 보일 것입니다. 과연 지금 우리는 무슨 짓들을 하고 있는 것입니까? 남녀노유를 막론하고 시도 때도 없이 성추행을 일삼고 있지 않습니까?

　그것이 진정한 사랑입니까? 성추행이 정말로 행복이냐고 어린 소녀가 묻고 있습니다. 금세기 비참한 성추행의 실상을 묻다가 저 세상으로 돌아갔습니다.

　소녀야, 너는 더럽게 추한 인간들의 세상과 고달픈 네 몸과 마음을 저 멀리하고 천상으로 떠나갔구나. 그러므로 두 번 다시는 행복이나 불행

70

이 너를 어찌하지 못하리라. 영원한 천상의 고요에 잠들거라.

행복의 여신

옛날 인도에 한 백만장자가 있었습니다. 그는 온갖 부귀영화를 다 누려 보았지만 그런 그에게도 소망이 하나 있었다고 합니다. 그 소망은 다름이 아니라 고래로부터 전설로 전해 내려오는 천하에 제일 아름다운 행운의 여신을 꼭 한 번 만나 보고 싶은 바람이었습니다. 그래서 시바 신에게 기도를 했습니다.

백 일 동안 열심히 기도를 올리게 되면 반드시 시바 신이 그 소원을 들어주신다고 하므로, 믿음의 확신을 가지고 백 일간 먹고 자는 것도 멀리하면서 지극히 기도를 올렸습니다.

백일기도가 끝나는 날이었습니다. 집안에 시중을 드는 하인들이 달려왔습니다. 그들이 장자에게 참으로 반가운 소식을 보고했습니다. 지금 대문 밖에 귀하신 분이 주인을 찾는다는 소식이었습니다. 장자는 어찌나 기쁜지 밖으로 달려가 보았습니다.

대문 밖에 서서 주인장을 찾는 여인은 다른 사람이 아니라 바로 자신이 찾던 행복의 여신이었습니다. 너무나 만나고 싶어서 지금까지 기도를 올렸던 바로 그 행복의 여신이 아닙니까? 어찌나 반갑고 기쁜지 머리를 숙여 큰절을 올렸습니다.

장자는 너무나 흥분한 나머지 떨리는 목소리로,

"어서 집안으로 드시옵소서." 하며 허리를 굽혀 다시 절을 올렸습니다. 그리고 두 손을 모아 손수 안내를 했습니다.

　달덩이같이 환한 미모에 세상에 보지도 못한 천상의 비단으로 화려하게 단장을 하신 행복의 여신은 햇빛으로 짠 비단 옷에 허공을 말아서 피리로 만든 목소리로 말했습니다.

　"장자시여, 만약 저를 반겨 주신다면 제 등 뒤에 바짝 붙어 있는 저의 아우도 반갑게 집안으로 받아 주셔야만 합니다."

　장자는 너무나 눈부신 행복의 여신에게만 정신이 팔렸던 나머지 여신의 등 뒤에 누가 있는지를 생각도 못했습니다. 행복의 여신 뒤에 늘 천하의 박색이 붙어서 있는 줄을 상상도 못했습니다. 만 가지 악을 뒤집어쓴 지독한 불행의 악덕상을 보지 못했던 것입니다.

　행복의 여신이 몸을 약간 돌려서 자신의 등 뒤에 딱 붙어 있는 불행의 여신을 직접 장자에게 친견케 했습니다. 장자는 그를 보는 순간 갑자기 만 가지 고약한 인상을 쓰면서 독약을 먹은 사람처럼 막 구역질을 하였습니다. 장자의 일그러진 인상을 본 행복의 여신은 잠 못 이루는 어린애를 달래는 애절한 목소리로 행과 불행의 기구한 사연을 고백했습니다.

　"장자시여, 나를 반기신다면 제 등 뒤에 바짝 붙어서 있는 제 아우도 반드시 반겨 주셔야만 합니다. 우리 자매는 영겁토록 단 한 번도 서로 떨어져 본 일이 없었습니다. 마치 나의 그림자와 같나이다. 그러므로 찰나라도 떨어질 수가 없기 때문에 저를 반기신다면 아우도 반겨 주소서."

　천상의 음악소리 같은 여신의 고요한 목소리에 절정의 환희를 느끼면서도 뒷모습에는 질색을 합니다. 장자는 행복의 여신에게 애원을 했습니다.

"잠깐만이라도 좋으니 저 불행의 여신을 잠시만 대문 밖에 세워 두시고 제 집안으로 들어와 주시옵소서."

"안 됩니다. 우리 사매는 세세생생에 찰나라도 서로 떨어져 본 일이 없습니다. 제 아우는 저의 그림자와 같나이다. 아우를 그다지도 박절하게 냉대하신다면 저도 역시 멀리하심과 다를 바가 없습니다. 장자님의 소청을 받아들일 수가 없으니 안녕히 계십시오."

그리고는 홀연히 연기처럼 사라져 버렸습니다. 장자는 그 자리에 쓰러져 기절을 해 버렸습니다. 너무나 좋고 너무나 싫은 행과 불행의 극단을 보고 장자는 인사불성이 되어서 지금도 깨어나지 못한다고 합니다.

이 이야기는 진리의 씨앗이란 나라 인도(印度)에서 예부터 전해 오는 전설이라 합니다.

어린 소녀야, 행복이 무엇이냐고? 어찌하면 행복하냐고? 그 정답을 너는 이미 알고 있다. 소녀야, 너처럼 희망도 절망도 다 버린 하얀 마음이 행복이란다.

안녕.

인간의 존엄성이
무엇인가요?

할아버지가
알려주는
100문 100답
022

열세 살 먹은 초등학생의 질문입니다.

남을 이롭게 하시는 거룩한 이에게, 존경심을 가지고 엄숙히 우러러 보는 마음을 존엄성(尊嚴性)이라고 말합니다.

꽃마을을 창건하신 오웅진 신부님의 이야기입니다. 오 신부님께서 어느 날 길에서 깨진 유리 조각을 줍는 거지를 보셨다고 합니다. 그 거지가 깨진 유리 조각들을 주워서 봉지에 담아 가지고는 땅속에 깊이 묻는 것을 보셨던 것입니다.

아마 혹시라도 어린애들이 잘못 밟게 되면 다칠까 봐 줍고 있음을 깨달고 오 신부님은 늘 그 거지를 잊지 않고 있던 어느 날, 또 그 거지를 만났습니다. 그 거지는 자기가 빌어서 온, 깡통에 담아 온 밥을 다리 밑에서 몹쓸 병으로 앓고 있는 같은 거지에게 먹이는 모습을 직접 보셨던 것입니다.

오 신부님은 그날로부터 그 거지 성자의 길을 따라가기로 결심을 하셨다고 합니다. 바로 그 거지 성자의 길은 춥고 배고프고 병든 가련한 인생들을 돕는 길이었습니다. 그 거지 성자의 길을 받들어서 이룩한 마을이 곧 지금의 '꽃마을'입니다.

지금도 저 꽃마을은 온갖 불행한 인생들을 도우며 그들로 하여금 천주님의 사랑의 품안으로 돌아갈 수 있도록 잘 가꾸어 놓았습니다. 바로 이러한 정신이 진정한 의미의 존엄성입니다.

어린이 여러분, 그렇다면 우리들 아버지 어머니의 존엄성은 과연 무엇일까요? 그 존엄을 아버지라고 하는 한문의 글자, 아비 부(父) 자와 어미 모(母) 자에서 찾아보겠습니다. 일단 아비 부(父) 자를 파자로 풀어서 아버지의 존엄성을 찾아보겠습니다.

과연 우리들의 아버지에게는 어떤 존엄성이 있을까요? 아비 부(父) 자의 위에 붙은 부호는 여덟 팔(八) 자입니다. 그 여덟 팔 자 밑에 붙은 부호를 벨 예(乂) 자라고 읽습니다. 그러면 무엇을 여덟이라 하고, 또 무엇을 베어 버린다고 하는가를 알아봅시다.

아비 부(父) 자 위에 붙은 팔 자는 모든 아버지들에게는 팔정도가 있다는 뜻입니다. 그리고 그 부(父) 자 밑에 붙은 글자인 벨 예 자는 옳지 못한 생각의 잡초는 인정사정없이 다 베어 버린다는 뜻입니다. 그 뜻을 암시한 글자가 벨 예(乂) 자입니다. 결국 아비 부(父) 자의 위의 팔 자의 뜻, 여덟 가지 바른 길이 아니면 다 베어 버리라는 뜻을 암시하고 있습니다.

그러면 지금부터 그 전체적인 부(父) 자의 의미를 설명해 보겠습니다.

팔정도란?

첫 번째로 바로 보는 정견(正見)이 아니면 베어 버린다.

두 번째는 바로 생각하는 정사유(正思惟)가 아니면 베어 버린다.

세 번째는 바른 말인 정어(正語)가 아니면 베어 버린다.

네 번째는 옳은 직업 정업(正業)이 아니면 베어 버린다.

다섯 번째는 바른 삶인 정명(正命)이 아니면 베어 버린다.

여섯 번째는 바른 수행으로 가는 정정진(正精進)이 아니면 베어 버린다.

일곱 번째는 옳게 생각하는 정념(正念)이 아니면 베어 버린다.

여덟 번째는 옳은 평화의 안정인 정정(正定)이 아니면 베어 버린다.

바로 이것이 모든 아버지들이 갖추고 있는 훌륭한 여덟 가지 덕목입니다. 그래서 어린이 여러분들은 아버지가 지니신 존엄성에 경배를 해야 합니다.

또 어머니의 존엄성은 과연 무엇일까요?

어미 모(母) 자를 파자로 풀어서 생각해 보면 어머니의 존엄성이 보입니다. 네모진 글자에 가로 그은 선은 여성들이 두르고 있는 브래지어입니다. 바로 그 브래지어 속에 숨은 젖꼭지는 자식들을 길러 온 감로의 병입니다.

네모 안에 두 개의 점은 넉 사(四) 자를 의미합니다.

이는 어머니들의 네 가지 덕목을 뜻합니다. 무엇이 그것인가?

그것은 곧 '보살피다'의 준말로 보살들의 마음인 사무량심(四無量心)을 은유하고 있습니다.

무엇을 사무량심(四無量心)이라고 하는가?

첫 번째는 어머니는 집안의 부모님과 남편과 시집의 어른들을 항상 받들어 모시는 효성스러운 효심이 한량이 없습니다.

두 번째는 자식들을 불쌍히 여기시는 마음이 한량이 없습니다.

세 번째는 자식들의 온갖 나쁜 허물을 모두 용서해 주시는 연민의 정이 무량합니다.

네 번째는 가족과 자식들이 바라는 모든 것을 다 들어주고 싶은 마음이 한량이 없습니다.

바로 이것이 어머니의 존엄성입니다.

그래서 어미 모(母) 자는 사무량심을 뜻하는 글자가 되고 있습니다. 사각 안에 모든 것을 품어 안는다는 뜻으로 가슴을 묶고, 묶은 그 가슴 안에는 두 개의 점이 있습니다. 바로 이 사무량심으로 자식들을 잘 길러낸다는 의미입니다.

아, 보라! 존엄성이 과연 무엇인가를.

어린이 여러분들은 다시 한 번, 더 깊이 생각하면서 부모와 스승님들의 존엄성에 절을 올리는 착한 어린이가 되소서.

안녕.

나는 어떻게 태어났나요?

네 살 먹은 어린아이의 질문입니다.

누구나 아버지 어머니로부터 태어납니다. 아버지와 어머니로부터 태어났다면, 그 어머니와 아버지가 결혼을 하시기 전에 나는 어디에 있었을까요?

어린이 여러분, 우리가 아버지와 어머니의 인연을 만나기 전에는 눈에 보이지도 않는 영혼의 몸을 가지고 있었습니다. 그 영혼의 몸은 꿈속에 떠돌아다니는 몸을 말합니다. 이러한 사실은 누구나 꿈을 꾸어 보았다면 짐작이 갈 것입니다. 우리가 깊이 잠에 들면 자신의 몸을 방바닥이나 침대 위에 눕혀 놓고 온 세상을 다 떠돌아다닙니다. 누구나 꿈에 다녀본 이상한 얘기는 다 있을 것입니다. 꿈속에서처럼 우리의 영혼은 온 세상을 떠돌아다닐 수가 있습니다.

바로 이 영혼의 몸을 중음신(中陰身)이라 합니다. 실제 몸의 그림자와 같은 정신의 몸을 중음신이라 합니다. 그 중음신이 있다는 증거는 바로 꿈속에 다녀본 영험의 몸이 그것입니다. 그래서 꿈속에서 누구에게 얻어맞으면 실제로 얻어맞은 것처럼 중음신의 몸도 통증이 느껴집니다.

어떤 때는 실제로 아프다고 자다가 소리도 지릅니다. 소리를 지르다가 혹 잠도 깹니다.

전설에 나오는 지옥 실화도 나름 아닌 우리늘이 꾸고 있는 악몽 같은 꿈 이야기입니다. 꿈속에서 무서운 악몽을 꾸게 되면 곧 지옥이 되고, 좋은 꿈을 꾸게 되면 곧 천당입니다.

이렇게 우리의 영혼의 몸 중음신은 이 세상을 마음대로 다닐 수도 있고, 천당도 갈 수가 있고, 지옥도 갈 수가 있습니다. 이러한 영혼의 몸을 중음신이라고 합니다.

어린이 여러분, 지금부터 할아버지의 이야기를 잘 들어보세요. 모든 사람들이 이 세상에 태어나게 되는 전 과정을 설명해 보겠습니다.

남녀가 서로 만나 사랑을 하면 그때 여인은 남편의 사랑을 받아들여서 자궁 속에 태(胎)를 이룹니다. 그리고 남성의 정자와 결합하여 잉태를 합니다. 이때에 그대가 태어날 중음신은 일단 많은 부모들 가운데서 인연이 깊은 부모를 찾습니다. 소중한 인연을 만나게 되면 나의 중음신과 아버지는 하나가 됩니다.

그러므로 아버지가 품은 욕정의 성애가 곧 내 자신의 성애가 됩니다. 그러므로 아버지의 성기를 곧 나 자신의 몸처럼 느낍니다. 마침내 아버지와 내가 느끼는 환각의 오르가슴을 타고 어머니의 자궁 속으로 날아듭니다.

이때, 그대의 중음신은 갑자기 아버지를 미워하고, 어머니를 몹시 사랑합니다. 이때에 중생심의 뿌리가 되는 미워하고 애착하는 증애심(憎愛心)으로 분리가 됩니다. 중음신으로 있던 내가 아버지를 냉정하게 밀어 버리고 어머니의 품안으로 좋아라 뛰어듭니다.

이렇게 갑작스러운 변이심으로 말미암아 아버지를 격렬하게 증오하면서 박정하게 아버지를 어머니의 자궁 밖으로 사정없이 밀쳐 냅니다. 동시에 어머니만을 극렬하게 사랑합니다. 이때부터 천궁의 대명사 무중력의 안락한 궁전, 자궁의 바다에서 열 달 동안 안락한 유영(遊泳)생활로 들어갑니다.

중음신이 입태 시에 돌이변을 일으키는 정신적 작용으로 모든 남성들은 절정의 성희로 사정을 하는 순간, 졸지에 아쉬운 미련의 허무로 나자빠집니다.

이러한 애무행위의 본능은 다름이 아니라 모태로 들어간 중음신이 아버지를 뒤로 밀어 차 버리기 때문입니다. 이때부터 그대의 영혼은 아버지를 싫어하고 어머니만을 몹시 사랑하게 됩니다.

인간의 중음신은 가장 무서운 유일신(唯一神)입니다. 그대가 어머니의 자궁 안에서 창조의 아방궁 난소(卵巢)로부터 친절한 초대를 받게 되는 과정을 보면 바로 그곳이 유일신의 신전이 되고 있음을 알게 됩니다. 그곳에서는 수십억의 정충 중에서 유일하게 선택된 독생자 한 마리만을 아방궁으로 불러들이기 때문입니다. 한 번 수정이 될 때에 수십억 개의 알을 품어 내는 어류는 만류 평등의 자유민주주의 제국이지만, 인간만은 오직 유일신 절대 신봉의 종교제국이 바로 자궁입니다.

또 여러분들이 잘 기억해 둘 상식은 그대의 영혼인 중음신이 어머니의 아방궁으로 초대받을 때에 그대가 도덕성에 문제가 있다면 어머니의 난소에서는 받아들이지 않습니다. 비도덕적이면 반드시 밖으로 밀어냅니다. 그래서 어떤 부인은 평생 불임이 되기도 하고 유산도 합니다. 물론 같은 악연으로 만나게 되는 경우도 많습니다.

윤리와 도덕성의 문제란 무슨 말인가 하면, 중음신 영자의 벌레 한 마리가 수정이 될 때, 난소로부터 초대를 받은 한 마리의 정충의 머리 부분을 잘 보면 이상하게 생긴 모자가 씌워져 있습니다. 물론 정충의 전신에도 면사포같이 생긴 막이 덮여 있습니다. 시집갈 때 신부가 면사포를 둘러쓴 예복과 흡사합니다. 이와 같은 얇은 막을 다 쓰고 있다가, 난소로 정자가 들어갈 때에는 반드시 머리 부위에 쓰고 있던 그 모자와 둘러쓴 면사포를 벗고 들어갑니다.

고래로 전해 오는 예법에 보면 사람이 남의 집 방안으로 들어갈 때에는 반드시 머리에 쓴 모자부터 벗고, 그 다음으로 외투를 벗습니다. 바로 이러한 고대 예법은 곧 입태 생리와 너무나 흡사합니다. 이러한 까닭으로 우리가 쓰고 다니는 모자(帽子)는 곧, 어머니와 나의 관계를 의미하는 모자(母子)가 되고 있습니다. 뿐만 아니라 세계의 모든 문자의 형성도 보면, 모음(母音)과 자음(子音)으로 어우러져 한 글자가 되고 있습니다. 이러한 모태 생리나 문자 형성의 문리도 모두가 동서고금의 예절과 일맥상통함을 알 수가 있습니다.

그러므로 모자를 벗고 옷을 벗는 탈모와 탈의의 예법은 소중히 잘 지켜야 합니다. 그러한 예절의 공덕성으로 우리는 언제라도 어머니의 안락한 사랑방으로 초대를 받을 수가 있습니다.

여러분, 이제 내가 어떻게 해서 태어났는가를 잘 아셨습니까?

안녕.

나는 왜
존재하나요?

일곱 살 먹은 어린아이의 질문입니다.

"나를 왜 낳았나요?" 하고 철없이 묻는 자들에게 시원한 답이 될 수 있는 이야기 한 토막을 먼저 들려 드리겠습니다.

남편은 명문 고등학교와 서울대를 수석으로 나오고, 부인도 명문 여고와 서울대를 수석으로 졸업을 했습니다. 명문에다 수석밖에 모르던 두 남녀는 일찍이 눈이 딱 맞아서 결혼을 했습니다.

부부는 명문고 교사로 재직을 했다가 우연찮게 사업을 한다고 하다가 실패를 했습니다. 사업 실패로 가정의 형편이 몹시 어려웠습니다. 머리 좋은 내외는 아들 하나만을 낳아서 잘 키워 보겠다는 계산으로 외아들 하나만을 두었습니다.

아들은 부모의 생각대로 잘 자랐습니다. 부모를 닮아서 머리도 좋았습니다. 어려운 형편이었지만 남들이 부러워하는 서울대학교를 다니고 있었습니다. 어느 날 부모 앞에 사랑하는 아들이 심각한 표정으로 나타나서 하는 말이,

"아버지, 어머니는 천재였다고 들었습니다. 그런데 아들 하나에게 용돈도 충분히 줄 수도 없는 부모라면 무엇 때문에 나를 낳았습니까?"

아들로부터 이 말은 들은 천재 내외는 아무 말도 못하고 얼마간 쓰러졌다가 이 할아버지를 찾아왔습니다.

"우리 내외는 소문난 천재였습니다. 그런데 우리 부부가 낳은 아들이 저희에게 '아들에게 용돈도 충분히 줄 수도 없는 부모라면 왜 나를 낳았습니까?' 하고 물었습니다. 아들의 몹쓸 질문에 하도 기가 막혀서 아무 말도 못하고 정신적 충격으로 이렇게 병이 들어 왔습니다. 도사님, 아들에게 우리가 무슨 말로 대답을 했어야 합니까?" 하면서 눈물을 감추었습니다.

이 할아버지도 지금 패륜아 천국의 청소년들에게 기겁을 하며 사는 형편이라서 한참을 아무 말도 않고 있다가 이렇게 대답을 했습니다.

"그래, 아들아. 네 말이 딱 맞다. 아들에게 용돈도 충분히 줄 수가 없는 부모가 될 줄을 진작 우리가 알았더라면 무엇 때문에 너를 낳았겠느냐? 하지만 너도 그렇다. 무엇 때문에 하필이면 용돈도 충분히 줄 수도 없는 부모를 선택해서 우리의 아들로 태어났느냐?"라고 물어 보라고만 답을 주어 보낸 일이 있습니다.

지금 어린이가 물은 "나는 왜 존재하나요?"라는 질문도 용돈을 못 주는 아들의 질문과 차원은 다르나 같은 맥락입니다. 그 정확한 대답은 이렇습니다.

일체중생은 다 정신을 잃었다가 이생에서 깨어났습니다. 일단 정신을 잃고 까무러쳤다가 살아났습니다. 그런데 아무것도 못 알아먹는 인사불성이 되었다가 깨어난 저 숱한 망령들이 무얼 어떻게 알고 제 마음대로 부모를 선택해서 태어날 수가 있겠습니까?

그러므로 그 누구도 자기가 왜 이 세상에 존재하게 되었는가를 알 수 없습니다. 다만 깨달음을 얻은 성인들은 눈 밝은 사람처럼 모든 것을 스스로 알아서 선택하여 태어나고 자기가 알아서 죽고들 합니다. 결국 생사를 마음대로 선택합니다.

하지만 저 모든 생명들이 무슨 선택의 자유가 있을 것이며, 무슨 신통한 각성이 있어서 죽음을 마음대로 결정하겠습니까? 그저 아무것도 모르고 이 세상에 왔다가, 아무것도 모르며 살다가, 아무것도 모르고 죽어 갑니다.

바로 이 아무것도 모르는 무의식이 우리가 세상에 존재하게 되는 큰 이유가 되고 있습니다.

"나는 왜 존재를 하나요?" 하고 어린 손자 손녀가 물었습니다.

"존재의 목적을 알고자 한다면 너희가 마음의 문이 활짝 열릴 때까지 조용히 입을 다물고 고요히 앉아서 너희의 몸과 마음을 촘촘히 주시해 보아라. 그러면 그 어느 날, 너희가 허망하게 이 세상을 왔다 갔다 한 기록 카드가 환히 보이리라. 하지만 그 각성의 기록 카드에는 너희가 이 생도 저 생도 존재한 일이 전혀 없음을 알리라."

이것이 정답입니다. 안녕.

왜 내 손가락과 발가락은 각각 다섯 개씩인가요?

여섯 살 먹은 어린아이의 질문입니다.

어린이 여러분,

우리들의 손·발가락이 왜 각각 다섯 개씩이냐 하는 이 문제는 가장 어려운 질문이 될 것입니다. 천만 다행으로 인류역사상 그 누구도 질문을 한 사람이 없었습니다. 설령 누가 물어 보았다손 치더라도 워낙 난해한 문제이므로 그 답 또한 쉽게 설명이 될 성질이 못 됩니다.

일단 답부터 드리겠습니다.

어린이 여러분, 예로부터 별표는 오각으로 그려져 왔습니다. 그 이유는 다음 별표에서 찾아보세요.

이 오각의 별표를 쉽게 설명하면 곧 바로 사람의 손·발가락이 각각 다섯 개로 벌어지게 된 그 까닭을 그림으로 설명을 잘 한 도표가 되고 있습니다. 그러므로 이 별표는 사람의 몸속에 있는 오장오부(五臟五腑)가 서로 상호보완적 관계로 묘하게 정신작용을 하고 있는 심리 현상을 도설한 그림이기도 합니다.

우리의 몸속에는 음성, 양성으로 구별되어 있는 장부(臟腑)가 있습니

心靈世界圖

涅槃

佛

摩 陰

靈

心

神

心
小

魂   意

肝膽 火 脾胃
木 土
水 金
膀腎 肺大

志   魄

고전침구학 이해도
三脉六経 十二絡

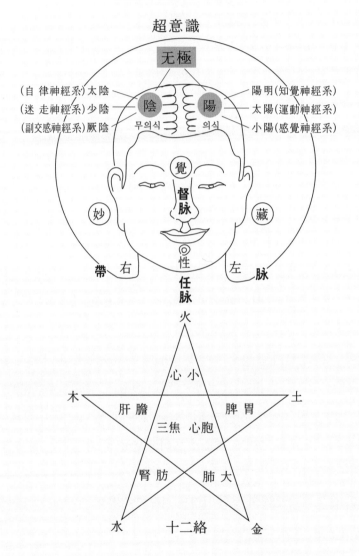

超意識

无極

(自律神經系) 太陰 ─── 陰　陽 ─── 陽明 (知覺神經系)
(迷走神經系) 少陰 ─── 　　　　 ─── 太陽 (運動神經系)
(副交感神經系) 厥陰 ── 무의식　의식 ── 小陽 (感覺神經系)

覺
督脉

妙　　　　　　藏

帶　右　性　左　脉
任脉

火

心 小
木　肝膽　　脾胃　土
三焦 心胞
腎肪　肺大
水　十二絡　金

다. 장(臟)은 음성이고 부(腑)는 양성입니다. 이렇게 장부는 음성과 양성으로 각각 다섯 개씩 한 조를 이루게 되어 있습니다. 곧 이 다섯 개의 손·발가락은 음양의 장과 부가 만든 음양오행으로 서로 합하고, 서로 밀고, 서로 당기는 음양오행의 속성으로 수족의 모든 행위가 생겼습니다.

이 음양오행의 행위로 말미암아 손과 발은 좌우로 각각 다섯 개로 나누어지면서 손·발가락을 오그리고, 벌리고, 펴고 하는 동작이 생기게 되었습니다.

음양의 속성을 가진 장부(臟腑)가 오행의 섭리대로 각각 다섯 개로 한 조가 되어 있습니다. 그 장부의 이름은 정신 신경이 일어나는 오행의 화(火)의 기관으로 심·소장(心·小腸)이 됩니다. 또 느끼고 깨닫는 감성의 혼(魂)이 생기는 오행의 목(木)이 되는 기관으로는 간담(肝膽)이 있습니다. 또 정열적인 지조가 생기는 오행의 수(水)가 생기는 기관으로는 신·방광(腎·膀胱)이 됩니다. 또 의식하는 넋이 생기는 오행의 금(金)이 되는 기관으로는 폐·대장(肺·大腸)이 됩니다. 또 생각하는 의사(意思)가 생기는 기관으로 오행의 토(土)는 비위(脾胃)가 됩니다.

이와 같은 장부가 음양오행의 속성에 따른 기능으로 손가락과 발가락 끝에서 서로 돕고(相補), 서로 밀어 버리고(相剋), 서로 합하는(相生) 정신 신경의 묘한 작용이 깃들게 되었습니다. 이로 말미암아 우리의 손·발가락은 스스로 오므리고, 스스로 벌리고, 스스로 펴고 하는 작용이 있게 되었습니다.

이와 같은 음양오행의 정신 신경의 기묘한 작용이 손·발가락 끝에는 다 있습니다. 그러므로 손가락·발가락의 각 근부에는 스무 개의 정혈(井穴)이 있습니다.

그러므로 고전침구학에서는 손발 끝에 있는 정혈을 침으로 찔러서 자극을 주면 갑자기 세상을 몰라보던 인사불성(人事不省)이 된 사람이나, 갑자기 놀란 급경(急驚)이나, 음식을 잘못 먹어서 배탈이 난 급체 등과 같은 복통은 수월히 치료가 됩니다.

그래서 손가락의 고유명사는 손고여락(損苦與樂)입니다. 남의 고통을 들어주고 즐거움을 준다는 뜻으로 손고여락이라고 했습니다. 이를 지금 우리는 쉽게 '손고(가)락'이라 부릅니다.

또 발가락의 본명도 한 가지입니다. 남의 고통을 빼 주고 즐거움을 준다고 해서 발고여락(跋苦與樂)이라 했습니다. 이를 우리는 쉽게 '발고(가)락'이라 부릅니다.

자, 그러면 지금부터 어째서 팔과 다리는 상하로 나누어지고 손발은 좌우로 나누어졌을까요? 그 까닭은 마음의 속성 때문입니다. 마음의 속성은 의식과 잠재의식과 무의식으로 분리되어 있습니다. 이 세 개의 식정(識精)을 삼맥(三脉)이라 합니다.

이 삼맥의 성질은 다 독특합니다. 독맥(督脉)은 의식계를 주관하고, 대맥(帶脉)은 잠재의식계를 관장하고, 임맥(任脉)은 무의식계를 지배합니다.

우리의 몸에서 삼맥이 일어난 곳은 성기가 되고 있는 회음(會陰)입니다. 이 회음에서 비롯된 독맥과 대맥과 임맥은 몸의 척추와 복부의 중심 배꼽과 명문혈까지는 같이 상행을 합니다. 상행을 하면서 머리의 정수리 백회(百會)에서 모두 함께 돌면서 상투를 틉니다.

이 독맥과 대맥과 임맥의 중심 노선에는 그 무엇도 통과할 수가 없는 신성하고 불가사의한 각성의 터널이 있습니다. 바로 이 각성이 왕래하는 터널을 곧 삼맥이라 합니다. 그러므로 이 삼맥은 신성불가침의 맥입니다. 바로 이 삼맥의 신비로 수족은 좌우상하로 나누어지게 되었습니다.

삼맥 중에서 대맥(帶脉)은 전신을 상하로 칭칭 감아 나선형으로 감아 도는 신기한 속성을 가지고 있습니다. 대맥 역시 발기를 할 때는 임맥과 독맥의 좌우로 함께 배꼽까지는 동행을 합니다. 하지만 배꼽 신궐혈(神闕穴)과 등 뒤의 명문혈(命門穴)에서는 같이 따라 올라온 임맥(任脈)과 독맥(督脈)은 결별을 합니다. 임·독맥 두 맥을 떠나서 양면으로 따라 올라온 두 가닥의 대맥은 배꼽과 등 뒤의 명문혈에서 좌우로 휘감아 돕니다.

이렇게 대맥의 두 가닥이 좌우로, 역으로 휘감아 돌 때에 한 가닥은 머리 위로 감아 돌고 또 한 가닥은 양 발끝으로 휘감아 돕니다. 이같이 역행으로 신통한 반작용으로 인해서 얼굴에는 두 쪽으로 나누어진 눈썹과 눈이 양쪽으로 분리가 되었고 또한 콧구멍과 귀가 모두 양 측면으로 달라붙게 되었습니다.

또한 신비로운 이 대맥이 배꼽과 명문혈을 중심으로 해서 상하 좌우로 감쳐서 회전을 하는 바람에 전신에는 나선형의 횡문이 수두룩하게 생기고 얼굴에는 오감을 잡는 감관의 기관이 생겼습니다. 곧 오감인 기관의 구멍이 뚫렸습니다. 그리고 손끝으로 감쳐 돌면서 둥근 손가락을 각각 만들고 그 손바닥과 손가락의 지복(指腹)에는 섬세한 나선의 지문을 만들었습니다.

또한 두정으로 회오리쳐 오르면서 머리 꼭대기에다가 둥근 가마를 만들었습니다. 역시, 이 대맥이 배꼽 밑으로 회오리를 치고 내려가면서 남성의 성기를 만들고, 또한 안으로 회오리쳐 돌면서 깊이 들어가서는 여성의 자궁을 창조해 놓았습니다. 그리고 양쪽 다리로 내려가면서 둥근 발가락을 만들고 역시 발바닥의 횡문과 족지의 지복에다가 나선의 지문을 찍어 놓았습니다.

아! 보라, 저 신성불가침의 삼맥(三脉: 任, 帶, 督)은 사람의 모든 것을 다 창조해 놓았습니다. 원통형의 전신을 상하좌우로 묶어 놓음과 동시에 양쪽으로 모든 정신 신경의 기관을 잘 분리시켜 놓았습니다. 그런 까닭으로 누구나 뇌신경에 이상이 생기면 좌냐, 우냐에 따라서 임·독맥 선을 중심으로 해서 좌우 어느 쪽이든 마비가 되는 반신불수가 생기게 되었습니다. 또한 중뇌에 이상이 생기면 배꼽과 명문혈을 중심으로 해서 상하로 분리되는 대맥을 기준으로 해서 어느 쪽이든 상하 반신에 마비가 일어납니다.

그러므로 독맥과 대맥과 임맥은 일체중생의 생명선이 되고 있습니다. 생명의 유전자 학설로 삼맥을 본다면 곧 'DNA'가 됩니다. 고대 유교의 인생관으로 보면 삼강(三綱)입니다. 바로 이 삼맥의 신통한 재주로 사지의 수족에는 각각 스무 개의 손·발가락이 생기게 되었습니다.

그러므로 일체중생의 마음은 스무 개로 갈라진 손·발가락의 정신 신경처럼 항상 심란하고 산만해져 잠시도 마음이 조용할 때가 없습니다. 그러므로 어린이 여러분들의 손과 발은 늘 발광을 합니다. 보라, 잠시도 멈추지 않고 컴퓨터나 휴대폰에서 손가락 춤을 추고들 있지 않은가. 물론 마음이 너무나 스멀스멀해서 말입니다.

안녕.

동기와 결과 중
무엇이 더 중요한가요?

열세 살 먹은 초등학생의 질문입니다.

답부터 드리겠습니다.

동기와 결과는 머리와 발의 경우처럼 서로 똑같습니다. 머리 없는 발이 무슨 소용이 있으며, 또 발 없는 머리는 무슨 소용이 있겠습니까? 그래서 머리와 발은 항상 같이 행동해야만 합니다. 하지만 특히, 오늘날 여러분들의 시대는 머리와 발이 따로 따로 놀고 있습니다. 보세요, 만날 컴퓨터나 휴대폰을 가지고 머리만 굴리고 있지 않습니까?

부모나 선생님들이 학생들에게 길에 떨어진 휴지를 보고,

"저 휴지를 좀 주어라." 하면, 대뜸 부모나 선생님을 빤히 쳐다보면서,

"내가 왜 그것을 주어야 해요?" 한다고 합니다.

물론 절대 다수의 학생은 아니라 하더라도 이 모양으로 온 세상이 손발을 묶어 놓고 머리만 굴리고들 있습니다. 아마도 불원간 온 인류의 머리통은 외계에서 왔다는 괴물(ET)과 꼭 닮을 것입니다.

옛 성인들께서는 본래로 동기와 결과가 다 같이 좋아야 한다고 말씀하셨습니다. 동기가 나쁘면 결과도 나쁘다는 뜻입니다. 하지만 동기와

결과가 다 똑같은 사람은 있을 수가 없습니다. 그래서 현실적으로는 비록 동기는 옳지 못했다손 치더라도 끝마무리를 아름답게 잘 마치면 된다고 말합니다.

불교에서는 거룩한 분에게 절을 올릴 때는 모든 동기의 시스템이 되고 있는 사람의 머리나 몸을 보고 절하지 않습니다. 반드시 유종의 미를 거둘 수 있는 그 분의 발에다 대고 큰절을 올립니다. 머리가 아닌 발로 뛰어서 거룩한 인격과 지혜와 공덕을 다 성취하셨다는 뜻에서 그렇게 절합니다.

일체 모든 중생들은 동기가 너무나 나빴습니다. 하지만 부처님이나 뭇 성인들은 동기가 나쁜 것을 알았기 때문에 옳고 바른 길을 찾고 찾아서 수 만 생을 발로 뛰고 뛰어서 완전한 인격자로 성공하셨습니다. 그래서 불교에서는 사람의 얼굴이나 몸을 보고 절하지 않습니다. 반드시 발에다가 큰절을 올립니다. 이를 족례(足禮)라 합니다.

그러므로 시작의 동기야 어떻든 간에 그 결과의 마무리를 아름답게 해야 한다고 합니다. 그래서 유종의 미(唯終之美)라는 격언이 전해 옵니다.

어린이 여러분, 여러분들도 반드시 발에 절을 올리면서 항상 발로 뛰는 사람이 되어야 합니다. 그렇게 함으로써 훗날 유종의 미를 거둔 훌륭한 어른이 되기 때문입니다.

안녕.

자연환경이
우리와 무슨 연관이 있나요?

할아버지가
알려주는
100문 100답

027

열세 살 먹은 초등학생의 질문입니다.

답부터 드리겠습니다.

하늘에 태양과 지구와 달과 별이 없었더라면 온 인류는 본래로 지구상에 존재할 수가 없었습니다. 왜냐하면, 태양을 닮은 사람의 머리와 지구를 닮은 몸과 달을 닮은 얼굴과 별을 닮은 반짝거리는 의식이 우리들의 몸에 생길 수가 없었기 때문입니다. 그리고 또 이 땅에 높고 낮은 산과 개천, 강하와 바다가 없었더라면 우리의 몸에 관절과 강과 같은 혈관과 개천과 같은 모세혈관이 생길 수가 없었기 때문입니다.

아, 보라. 저 우주 대자연의 환경은 곧 나의 모든 것입니다. 곧 나의 몸이요, 곧 나의 생명입니다. 그러므로 우주 대자연의 환경은 곧 나입니다. 그 무엇도 자연의 환경과는 잠시도 떼려야 뗄 수가 없는 관계입니다. 오로지 몸과 마음이 하나가 되어 있음과 같습니다. 자연과 나는 일심동체입니다. 그러므로 우리는 자연환경을 잘 보존하고 내 몸처럼 아끼고 보살펴야만 합니다.

실례를 들어 보겠습니다. 환경이 몹시 열악한 사막이나 시베리아와 같은 얼음 구덩이에서 사람들이 잘 살 수 있겠습니까?

반대로 환경이 아주 좋은 세계의 수도들을 한 번 생각해 보세요. 우리나라의 수도인 서울은 산세가 수려하고 지세가 여타의 도시보다 무엇이 달라도 많이 다릅니다. 한마디로 사람들이 살기가 좋습니다.

정신적인 영적으로 볼 때도 큰 산 밑에는 고래로 큰 인물들이 많이 나왔습니다. 그래서 뛰어난 인물이나 특출한 위인들은 멀리서 보아도 위엄차고 품위가 남다릅니다. 그러므로 산하대지가 더 높고 더 넓으면 뛰어난 인재들이 많이 들끓습니다.

이와 같이 자연환경이 좋아야 많은 사람들이 살기도 좋고 정신적·영적으로도 훌륭한 인재들이 많이 나옵니다. 그러므로 자연환경은 좋은 농토와 같습니다. 토질이 좋아야만 모든 곡식들이 풍성하게 잘 자라는 이치와 꼭 같습니다.

어린이 여러분들도 부모와 스승님들로부터 잘 배운 교양미로 잘 다듬어진 아름다운 사람은 반드시 자연환경이 남다른 명당에 살게 됩니다. 인품과 자연환경은 같기 때문입니다.

안녕.

착한 것, 좋은 것, 옳은 것이 무엇인가요?

열 살 먹은 초등학생의 질문입니다.

답을 드리겠습니다.

착한 것, 좋은 것, 옳은 것은 온 세상을 행복하게 하고, 평화롭게 하고, 모두를 사랑하게 하는 거룩한 마음이 됩니다. 물건도 선한 것은 생김도 반듯하고 빛깔도 좋습니다. 이와 마찬가지로 착하고, 좋고, 옳은 세 가지 덕목을 갖춘 사람은 누구나 다 부러워합니다.

그래서 착한 사람은 온 세상 사람들이 다 좋아하며, 또한 좋은 것은 온 세상이 바라는 희망입니다. 옳은 것은 누구나 기뻐합니다. 옳고 바른 행실은 온 인류의 이상향입니다. 옳은 것을 싫어하는 사람은 없습니다. 세상에 몹쓸 악마를 제외하고는 말입니다.

악한 사람들은 선하고 좋고, 옳은 것을 몹시 싫어합니다. 그래서 살아생전에도 모진 고생들을 합니다. 죽어서는 지옥으로 갑니다. 지옥은 여러분의 몸에서 몹쓸 병이 생기는 이치와 꼭 같습니다.

착하고, 좋은 것, 옳은 것은 모든 성현들의 마음입니다. 그래서 "좋은 것이 좋다."는 옛 속담이 있습니다. 부디 착하고, 옳고, 좋은 세 가지 덕목을 갖춘 사람이 되세요.

안녕.

남자와 여자는
왜 다른가요?

여덟 살 먹은 초등학생의 질문입니다.

여성의 천성은 물과 같고 남성의 천성은 불과 같습니다. 물과 같은 여성의 생리는 밑으로 흐르기 때문에 턱에는 수염이 없고, 음성은 물소리처럼 부드럽고 음향은 징소리처럼 은밀합니다. 남성은 천성이 치솟는 불같은 생리로 턱에는 수염이 나고 음성은 북소리를 냅니다.

그리고 생리란 무엇인가?

생리란 성기를 말합니다. 남자의 성기는 밖으로 나와 있고, 여성의 성기는 안으로 들어가 있습니다. 이렇게 다른 이유는 남성은 불같은 열정을 밖으로 쏟는 폭발성 때문에 성기가 밖으로 나와 있습니다. 여성은 은밀한 감수성 때문에 안으로 들어가 있습니다. 이렇게 양성과 음성이 나오고 들어가게 되는 성리를 보면 묘하게 서로 밀고 당깁니다. 바로 이러한 음양의 속성을 비유로 이해를 돕겠습니다.

어린이 여러분들도 아마 입으로 고무풍선을 불어 보았을 것입니다. 그 고무풍선을 불 때 밖으로 바람을 내뿜으면 풍선이 밖으로 튀어 나오고, 반대로 입 안으로 빨아들이면 풍선도 작아져 입안으로 쏙 들어감을 볼 것입니다. 이와 같은 이치로 여러분들의 아빠와 엄마의 생리가 다르게 되었습니다.

남녀가 만나 어울릴 때에 남성은 심호흡을 밖으로 불어 내쉬게 되고, 여성은 숨을 안으로 길게 들이쉬게 됩니다.

이런 까닭으로 남성의 혓바닥은 심한 열을 내고, 여성의 혓바닥은 얼음처럼 냉하게 됩니다. 그 까닭은 누구나 숨을 내쉬게 되면 뱃속의 열기로 입김은 자연히 뜨거워지고, 반대로 숨을 들이쉬게 되면 밖의 찬 공기의 마찰로 혓바닥이 몹시 차게 됩니다. 물론 음성과 양성의 생리적 성리가 별도로 있습니다. 이를 '음양냉온자지(陰陽冷溫自持)'라 합니다. 분명한 사실은 여성의 혓바닥이 몹시 냉하게 될 때에 수정이 되어서 임신을 하게 됩니다. 남자와 여자가 왜 다른가를 이제 아셨습니까?

안녕.

컴퓨터를 많이 하면
왜 안 되나요?

여덟 살 먹은 초등학생의 질문입니다.

어린이 여러분, 아무리 좋은 음식도 적당히 먹어야 보약이 됩니다. 지나치게 많이 먹으면 못 고치는 속병이 생겨서 마침내 죽기도 합니다.

세상의 삶을 편리하게 해주는 컴퓨터나 휴대폰도 지나치게 많이 다루게 되면 세상에 못 고칠 중독성 마약과 같아집니다. 그래서 절대로 전자 제품에는 넋을 잃으면 안 돼요. 무엇이든 일단 습관이 되고 나면 고칠 수 없는 중독이 됩니다. 이 습관성 중독이 큰 문제입니다.

어린이 자신들이나 친구들 중에 컴퓨터나 휴대폰에 정신이 팔려서 이미 중독이 되었다면, 먼저 몸이 쇠약해지고 아울러 신경이 예민해져서 부모님의 좋은 말씀에도 신경질부터 버럭버럭 내게 됩니다. 또 악한 성질이 치성해져서 심지어 부모나 스승님께 대들기를 예사로 합니다.

이러한 정신 병리현상은 저 컴퓨터나 휴대폰이 발산하고 있는 전자파 때문입니다. 휴대폰 같은 경우는 모두 귀에 가까이 대고 대화를 하기 때문에 전자파의 피해가 막심합니다. 일단 전파가 그 사람의 귀로 들어가게 되면 몸의 균형과 정신 감각의 중심을 잡아 주는 귀 안의 나팔관을 서서히 마비시킵니다.

그렇게 되면 이상하게도 밥맛이 없어지면서 현기증이 자주 일어납니다. 심하면 구토까지 합니다. 물론 심리적으로는 사리 판단도 흐려집니다.

컴퓨터의 경우는 전자파가 양 손가락을 타고 간뇌로 직행을 합니다. 간뇌는 주로 안과 밖을 현명하게 처리해 주는 잠재의식이 주관을 하고 있습니다.

그런데 이 간뇌의 생명선이 있는 잠재의식계에 진파가 침범하게 되면 무서운 간질성 정신 발작을 자주 하게 됩니다. 그 지경이 되고 나면 전신에 경련이 자주 일어납니다.

그러므로 컴퓨터나 휴대폰에 중독이 된 사람은 밤과 낮이라고 하는 시간 개념도 없어집니다. 그래서 전자파에 전신이 중독되면 졸지에 전신에 흐르는 생명의 피가 마르고, 간뇌의 호르몬이 말라서 육신이 서서히 말라비틀어지면서 나무토막 같아집니다.

어찌 피해가 이뿐이겠습니까?

요즈음 청소년들이 밤잠을 설쳐 가면서까지 즐기는 요물이 컴퓨터나 휴대폰입니다. 그 물건들이 사춘기의 청소년들을 홀딱 반하게 하는 것은 요정의 괴물이 그 속에 있기 때문입니다. 그 요정의 괴물이 차마 짐승도 아니하는 온갖 성희롱을 보여줍니다.

바로 이것이 오늘날 문명의 이기로 생각하는 컴퓨터와 휴대폰의 죄악입니다.

모든 중생은 누구나 사춘기 때는 성적 충동 때문에 무척 고생을 합니다. 이러한 성기의 몸살 때문에 고생을 해보지 않은 사람은 아무도 없습니다. 온 인류의 공통 고뇌가 성이다 보니 저 기물들이 보여주는 성 유혹에 말려들지 않을 사람은 아무도 없습니다.

문제는 한 번 오르가슴을 일으킬 때마다 간뇌가 심하게 경련을 일으킵니다. 이 간뇌의 경련으로 성호르몬이 고갈되면서 간질성 성 히스테리를 자주 일으키게 됩니다. 오늘날 무서운 범죄는 모두 간질성 성 히스테리로 저질러지고 있습니다.

어린이 여러분, 지금 이 할아버지는 이미 그 대안이 될 만한 교양서적을 세상에 내놓았습니다. 그것이 할아버지가 쓴 성 초월로 가는 성명상 이야기로 책의 이름은 『배꼽 밑에 지혜의 등불을 밝혀라』입니다. 성추행과 성폭력을 다스리려 그대 안으로 들어가는 성 초월의 교양서적을 전국 서점에 이 할아버지가 이미 펴내어 놓았습니다.

문구멍으로 세상을 보라

할아버지에게도 여러분 같은 어린 손자 손녀가 있습니다. 할아버지의 손자와 손녀도 컴퓨터와 휴대폰을 너무 심하게 가지고 즐기므로 제 어미와 아비가 몹시 걱정하는 모습을 보았습니다. 그래서 손자와 손녀 둘을 불러다가 앞에 앉혀 놓고 이렇게 물어보았습니다.

"너희들은 부모가 애 터지게 하지 말라는 컴퓨터와 휴대폰이 그렇게 좋으냐?"

세 놈이 다 쑥스럽게 빙그레 웃기만 하고 아무 말도 못하고 앉아 있었습니다. 그래서 할아버지가 큰 방문에 발린 문창호지에다가 바늘로 구멍을 조금 내어 놓고는 손주들에게 가까이 와서 들여다보라고 했습니다.

"너희들 이 바늘 구멍으로 저 밖을 내다보아라."

초등학교 3학년생인 어린 손자가 먼저 작은 바늘 구멍에 눈을 대고는 밖을 내다보았습니다. 할아버지가 이렇게 물어 보았습니다.

"무엇이 보이느냐?"

손자가 대답하기를,

"저 멀리 하늘에는 구름이 보이고요. 앞에는 퍼런 낙동강 물이 다 보이고요. 저 멀리는 큰 산들이 보이네요."

"그래, 그러면 저 먼 하늘이 이 작은 바늘구멍으로 다 들어오고 저 먼 산과 강이 저렇게도 작은 구멍으로 다 들어오는데, 그것들이 실제냐, 없는 것이냐?"

"실제 있는 것이에요."

"그렇다면 너희들 컴퓨터나 휴대폰에 보이는 산이나 강은 실제 있는 것이냐, 없는 것이냐?"

손자들은 이 할아버지가 무슨 말을 하려는가 싶어 가만히 쳐다보고 있습니다.

"지금 너희들이 잠시도 못 버리는 그 컴퓨터나 최신형 휴대폰은 이 문구멍보다도 더 작고 작은 구멍에서 비쳐진 환상들이다. 1밀리의 백만분의 일밖에 안 되는 아주 작은 구멍에서 비쳐진 환상임을 알아야 한다. 쉽게 말하면 전자가 만든 아주 작은 거울에 비쳐진 것이다. 그런데 말이

다. 저 컴퓨터나 휴대폰의 구멍에 비추어지는 모든 현상은 모두 전자파가 만든 허망한 소리요, 환영이다. 이것은 전기를 분해한 전자파 거울에 비춰진 소리와 그림자란 사실을 알아야 한다. 그러나 지금 너희들이 문구멍으로 직접 본 저 밖의 세상과 전자파를 통해서 본 환상과는 어떻게 같고 다른가를 알아야 한다. 비유로 설명을 하겠다. 너희는 그림의 호랑이를 무서워하느냐?"

"아니요, 안 무서워요."

손주들이 절대로 무서울 수가 없다는 표정으로 말했습니다.

"옳다. 그러면 너희들이 휴대폰이나 텔레비전에서 보는 호랑이도 실제로 저 세상 밖에서 실제로 만나 보는 호랑이와 똑같다고 생각하느냐?"

"달라요."

"그렇다. 아무리 사실같이 보이고 사실 같은 소리를 듣는다고 해도 저 자연 속에서 사실로 보는 호랑이와는 판이하게 달라서 비교가 안 된다. 왜냐하면 실제로 너희들이 밖에서 호랑이를 만난다면 너희들은 먼저 전신이 두려움에 몸이 굳어져서 꼼짝을 못한다. 소리도 마찬가지다. 전자기의 소리는 그냥 음파이지만 저 밖의 소리는 우리가 살고 있는 허공을 흔들어서 들려오기 때문에 소리만 들어도 삭신이 꽁꽁 얼어붙는다. 하지만 제아무리 전자기기가 사실같이 그대로 보여주고 귀에 들려준다고 하더라도, 저 우주 공간이 주는 어마어마한 위엄성과 실제로 와 닿는 엄숙한 진실은 절대로 전달할 수가 없다. 그렇다면 너희들은 지금 문구멍을 통해서 본 저 밖의 우주와 저 넓은 대자연의 경관을 볼래, 아니면 만고에 허망한 전자 구멍을 통해서 보는 전자파 마술의 환상을 보고

서 좋아라 할래?"

　손자와 두 손녀는 할아버지의 이야기에서 무슨 감동을 받았는지 몰라도 그날 이후로는 컴퓨터와 휴대폰 문제로 제 어미 아비의 속을 안 썩인다고 합니다.

　안녕.

우리는 왜
우스갯소리에 웃어요?

일곱 살 먹은 어린아이의 질문입니다.

답부터 드리면, 누구나 자신의 마음속에 깊이 감추어 온 숨김의 사실을 남이 그대로 만인 앞에 폭로를 시켜 주면 저도 몰래 너털웃음이 터집니다. 이것이 우스갯소리입니다.

비유를 하면, 누가 주인을 찾는 초인종을 누르면 벨소리가 그 집에서 나는 이치와 같습니다.

어린이 여러분,

짐승도 사람처럼 웃지는 못해도 웃음은 있습니다. 특히 사자의 경우는 발정기의 암내를 맡으면 제법 사람의 웃음소리와 같은 너털웃음 소리를 허허허 하고 냅니다. 집에서 기르는 소도 암내를 맡으면 역시 좋아하고 위턱의 입술이 헤벌쭉거립니다.

고등 동물인 사람은 미소도 다양하고 웃음의 소리도 여러 가지입니다. 특히 진리를 깨달은 각자들의 미소는 불가사의합니다. 또한 사춘기 소녀의 은밀한 미소의 눈 모습은 초승달 같고, 티 없이 깨끗한 촌 아가씨가 부끄러운 천심을 숨길 때에 띠는 미소는 천하에 일품입니다. 천심

106

이 동하여 감당키 어려운 기쁨으로 발을 동동 구르며 웃는 어린애의 웃음소리는 보고 듣는 이의 만단수심을 풀어 줍니다.

이렇게 다양한 웃음을 가진 인간은 만덕 만선의 복입니다. 그러므로 사람들을 웃기는 온갖 우스갯소리는 숨겨 온 양심을 대명한 천지로 불러내어 춤을 추게 하는 신통한 언어 마술입니다.

언어 마술인 우스갯소리에는 훈훈한 미담, 덕담도 많지만, 참으로 상스러운 음담패설도 많습니다. 고래로 남을 웃기는 우스갯소리에는 주로 성을 희롱하는 농담이 많습니다. 이와 같은 농담은 어른이고 아이고 할 것 없이 좋아합니다. 그것은 사람은 누구나 심히 부끄러워서 숨기고 감추는 것은 성밖에 없기 때문입니다. 그래서 도덕적으로 엄히 숨기고 감추어 온 성 얘기가 밖으로 자연스럽게 노출되면 누구나 저도 몰래 폭소가 터져 나옵니다.

윤리 도덕심으로 밀폐시켜 온 양심의 소리를 언어 마술사가 넓은 세상 밖으로 해방을 시켜 줄 때에는 저도 몰래 가가대소를 합니다.

본래로 언어 마술인 우스갯소리에는 사람의 천심을 희롱하는 스릴이 있습니다. 우스갯소리를 잘하는 변사를 저 거문고에 비유해 보면 좋습니다. 거문고에 매어 있는 여섯 개의 줄은 인간의 육감, 육정을 상징하고 있습니다. 그래서 그 거문고를 잘 다룰 줄 아는 묘한 손가락을 만나면 여섯 개의 거문고 줄에서는 사람의 육감, 육정이 음률에 실려 나옵니다.

이와 마찬가지로 우스갯소리를 잘하는 달변가를 만나면 누구나 울기도 하고 웃기도 하면서 인생 회포를 유감없이 풀어냅니다.

어린이 여러분, 우스갯소리에 왜 웃느냐고요? 남이 웃으면 나도 그를 따라서 웃고, 저가 슬퍼서 울면 나도 저를 따라 웁니다. 저가 분노를 하면 나도 분노를 느끼고, 저가 즐거워서 풍악 놀이를 하면 세 살 난 어린 애들도 어깨춤을 두둥실 춥니다. 이러한 신명나는 어깨춤은 누구나 한 두 번은 다 체험해 보았을 것입니다. 바로 이러한 심리 현상을 반연심(攀緣心)이라고 합니다.

반연심으로 자신도 모르게 같이 남을 따라하는 자연스러운 율동이 있습니다. 이를 동업 현상(同業現狀)이라고도 합니다. 반연심이라는 말의 뜻은 비유를 하면 맑고 밝은 거울에 꽃을 비추게 되면 꽃이 드러나 보이고, 사람의 얼굴을 비추면 사람의 얼굴이 비치는 것입니다. 이와 같은 마음의 현상을 반연심이라 합니다.

또 동업 현상이란 말은 누구나 같이 지어서 같이 받는다는 뜻입니다. 저가 어깨춤을 추면 나도 모르게 그를 따라서 어깨춤을 춥니다. 이와 같은 무의식적으로 남을 따라서 하는 행위를 동업 현상이라고 합니다.

그러므로 우스갯소리에 저도 몰래 손뼉을 치면서 따라 웃고, 같이 춤도 추는 모든 행위는 모두가 우리들의 마음 가운데 자리를 잡고 있는 반연심과 동업 현상 때문입니다. 이것이 우스갯소리에 왜 웃느냐고 물은 저 어린이에게 주는 심오한 웃음의 심리학이 되고 있습니다.

안녕.

아이들이 해서는 안 되는 일이
왜 그렇게 많나요?

여덟 살 먹은 초등학생의 질문입니다.

세계대전을 승리로 이끈 영국의 처칠이 나이가 다섯 살 때 있었던 이
야기입니다.

손님들을 많이 치르는 날, 설거지를 바쁘게 하던 처칠의 어머니가
다섯 살배기 처칠에게, "저 탁자 위에 놓여 있는 빈 접시를 좀 가져다
다오." 하고 심부름을 시켰습니다. 그런데 어린이 힘으로는 한 개도
벅찬 큰 접시를 어린 처칠은 어른들처럼 팔뚝에다가 두 개, 세 개를
얹다가 그만 실수를 했습니다. 마룻바닥에 한 개가 떨어지면서 박살
이 났습니다.

여느 어머니 같으면 접시 깨지는 소리보다도 더 큰 호통을 쳤을 것입
니다. 하지만 처칠의 어머니는 들은 척도 않고 설거지만 열심히 하였습
니다.

아까운 접시를 실수로 박살낸 처칠은 물끄러미 난장판을 이룬 마룻
바닥을 살펴보고 있었습니다. 꼼짝도 않고 두 개의 접시를 받쳐 들고 있
던 처칠은 이번에는 고의로 살짝 접시를 밀어서 땅바닥에 떨어트렸습

109

니다. 와장창 하면서 두 번째 접시가 박살이 났습니다.

처칠은 한참 동안을 첫 번째 실수의 파괴로 생긴 비참상과 두 번째 고의로 생긴 접시의 파괴로 온 마룻바닥이 접시 파편으로 너절한 모습을 지켜보면서 인간의 실수나 고의로 저질러진 잘못으로 빚어지는 참혹한 파괴의 참상을 제 스스로 몸소 체험하고 서 있었습니다.

뒤도 옆도 돌아보지 않고 말없이 설거지만 하시는 처칠의 어머니의 머릿속에는 무슨 생각이 흐르고 있었을까요?

"그렇다, 느껴라, 실수와 고의가 얼마나 무서운 인생 파멸의 참상을 불러오는가를 너는 일찍이 깨쳐라. 아들아!" 하듯 저 최후 5분으로 세계 대전을 승리로 이끈 그 아들과 그 어머니의 깊고도 심원한 묵시록의 이야기입니다.

보통의 어머니라면 벼락 치는 고함소리와 쏟아지는 욕설에 빗자루 몽둥이가 날아들었을 것입니다.

만약에 여러분들 부모님들이 두세 살 난 철없는 어린 동생을 잘 보라고 주의시켜 놓고 부모님께서는 멀리 볼 일을 보시러 가셨다고 가정해 봅시다. 그러면 여러분은 단박에 두세 살 난 어린 동생이 어떻게 잘못될까 봐 엄청나게 걱정이 됩니다. 혹시나 어린 동생이 잘못되어 어디를 다칠까 봐 몹시 염려도 됩니다. 그러면 자연히 여러분들은 어린 동생이 멋대로 노는 행동을 엄청나게 제지하게 됩니다. 뿐만 아니라 이것은 이렇게 하면 안 되고 저것은 저렇게 하면 절대로 안 된다는 둥 무엇이든 함부로 하면 안 된다는 잔소리를 많이 하게 됩니다.

만약 동생이 곱게 타일러도 말을 안 들으면 큰소리를 지르기도 하고 심하면 손찌검도 하게 됩니다. 왜일까요? 저 어린 동생을 잘 보호하기 위해서입니다.

만약 동생에게 하지 말라는 잔소리를 하지 않고 그냥 내버려둔다면 어떻게 될까요? 제재를 가하는 말과 행동을 하지 않고 그냥 내버려둔다면 혹시라도 밖으로 뛰어나가서 교통사고라도 당하면 어떻게 되겠습니까? 또 만약 칼이나 성냥불 같은 것을 가지고 함부로 장난을 한다면 무서운 재앙이 일어나지 않는다고 누가 보장을 합니까?

그래서 부모님들과 선생님들은 여러분을 무사하게 잘 가르치고 훌륭하게 키우려고 하시다 보니 많은 말과 숱한 훈계의 회초리가 따를 수밖에 없습니다. 그래서 어린이 여러분들에게는 자연히 하라, 말라 하는 교훈의 말씀들이 엄청나게도 많습니다.

그 많은 경계의 말씀들은 모두가 다 여러분들을 위한 기도의 목소리입니다. 이를 잔소리라 하면 못써요. 정말로 어린이 여러분들은 부모와 스승님들의 교훈을 늘 고맙게 생각하세요. 진정한 사랑은 무서운 회초리이기 때문입니다.

안녕.

우리는 왜
꿈을 꿀까요?

열 살 먹은 초등학생의 질문입니다.

우리들의 마음속에는 밝은 의식이 있고 아무것도 모르는 무의식이 있습니다. 그리고 의식과 무의식 사이를 왕래하는 잠재의식이 있습니다.

그래서 의식은 주로 낮에만 활동을 많이 하고 무의식은 주로 잠자는 밤에 활동을 많이 합니다. 그리고 밝지도 어둡지도 않은 잠재의식은 생시도 아니고 잠도 아닌 비몽사몽간에 활동을 주로 합니다. 마음의 이러한 속성 때문에 누구나 날이 밝으면 저절로 정신이 맑아져서 하루 일과를 시작합니다.

반대로 해가 져서 어두워지면 저절로 잠이 깊이 듭니다. 잠이 깊이 들면 의식으로 활동을 했던 몸이나 마음의 사념 망상들이 무의식의 광장에서 활동을 합니다. 낮에 활동을 한 몸의 신식(身識)과 정신으로 활동했던 모든 사념 망상들이 깊은 무의식 속에서는 전부 꿈이 됩니다. 다만 내가 꿈을 꾸었는지 꿈을 꾸지 않았는지를 스스로 알기도 하고 혹 모를 수도 있을 뿐입니다.

비록 낮이나 밤이 아니라 하더라도 반수면 상태로 들어가면 이상하게 돌아다니는 잠재의식의 꿈이 있습니다. 이를 비몽사몽간(非夢似夢間)이라 합니다. 비몽사몽간은 꿈 같으면서도 꿈도 아니고 생시 같으면서도 현실도 아닌 꿈이란 뜻입니다.

지금 우리와 같은 마음을 멀리 소멸시킨 깨달은 성자님들에게는 꿈이란 것이 없습니다. 마치 저 밝은 태양 속에서는 어두운 그림자가 있을 수가 없는 것과 똑같습니다. 하지만 우리 범부 중생들은 낮에도 망상을 하면서 살므로 우리가 생각하는 생시를 깨달은 분들은 의식의 꿈이라 합니다. 그리고 잠속에서 꾸는 꿈을 무의식의 꿈이라 하고 항상 조는 듯, 깨어 있는 듯한 사념 망상을 잠재의식의 꿈이라 합니다.

어린이 여러분, 꿈은 무엇일까요? 여러분들이 평소에 느끼는 망상의 생각들은 잠이 들면 꿈이 되고, 사념의 꿈이 깨어나면 숱한 생각이 됩니다.

안녕.

별은 왜
하늘에서 떨어지지 않나요?

다섯 살 먹은 어린아이의 질문입니다.

어린이 여러분,

하늘에 별이 공중에서 안 떨어지고 허공에 붙어 있으니 참으로 이상하지요?

하나도 이상할 것이 없습니다. 왜냐하면 여러분들이 비눗방울을 만들어서 공중에 띄워 본 경험이 있을 것입니다. 저 허공 가운데는 모든 물체를 둥둥 뜨게 하는 부력이라고 이름 하는 부력장이 있습니다.

이 부력장은 모든 물체를 공중에 둥둥 뜨게 하는 힘이 있습니다. 달나라로 여행을 가는 우주선 안에서는 비행사들이 둥둥 떠다니는 것을 보았을 것입니다. 저 달나라에서도 한가지입니다. 달나라로 여행을 간 미국의 암스트롱이 달의 표면에서도 둥실둥실 떠다니는 모습을 우리는 보았습니다.

이와 마찬가지로 저 허공에 깨알같이 많은 별들도 공중에 떠 있으면서 서로 부축을 해줍니다. 무수한 별들도 지금 우리가 살고 있는 지구도 달도 태양도 다 서로 자기들의 위치를 유지하게끔 서로를 잘 보호해 줍니다.

이렇게 우주의 모든 천체들이 서로 상호보완적으로 균형을 유지하도록 잘 도와줍니다. 이것이 우주의 부력입니다. 서로서로 균형을 잘 잡아주는 묘한 부력장 때문에 저 무수한 별들과 해와 달과 지구는 서로 적당한 거리를 유지하면서 다른 방향으로 이탈을 하지 않습니다.

그러므로 여러분들이 보게 되는 밤하늘의 별들은 항상 그 자리에 있음을 보게 됩니다. 저 수많은 별들이 항상 여러분들을 지켜보듯이 저 별들도 여러분들을 항상 지켜봅니다. 마치 저 하늘은 받쳐 주는 큰 기둥은 없지만 영원히 무너지지 않듯이 저 하늘의 별들은 언제나 그 자리에서 떨어질 줄을 모릅니다.

어린이 여러분, 이제 모두 안심하세요. 저 우주의 바람둥이 나그네 별, 별똥별을 제외하고 항상 여러분들을 지켜볼 것입니다.

안녕.

일곱 살 먹은 어린아이의 질문입니다.

참으로 신통한 물음입니다.

"나는 왜 나일까요?" 하고 물었습니다. 이 세상의 사람들에게 나는 누구지 하고 물어 보면 단박에, "나는 나지, 누군 누구야? 미쳤네." 할 것입니다. 과연 누가 정신이 돌았는지 봅시다.

세상 인간들은 많이 배워서 무엇을 많이 가지고 힘이 넘치면 제 잘났다는 자만심에 눈이 멀게 됩니다. 그러므로 제 자신이 누구인지를 생각도 못해 보고 부질없이 설치다가 어느 날 갑자기 죽을병을 앓게 되면 안 죽으려고 발버둥을 칩니다.

보라, 지금 여기 일곱 살짜리 법동자가 인간의 본질에 관한 질문을 했습니다. 잘 들어 보시라. 법동자여! 그대는 참으로 놀라운 질문을 했다.

"나는 왜 나인가?"라고 하는 의문이라도 있는 사람은 의식이 깨어 있는 사람입니다. 나는 나일 수밖에 없습니다. 그것은 우리 모두의 본래 마음은 묘각(妙覺)이기 때문입니다.

묘각의 빛, 각성의 여명으로 생긴 우리들의 마음을 걷어 버리고 저 마

116

음을 환히 보는 각성을 어린이가 느끼고 물었습니다. 저녁노을 같은 마음의 저 뒤안에는 밝게 깨어 있는 각성이 있습니다. 지금 여기 법동자는 은밀히 이 각성을 느끼고 물었습니다.

저 묘각의 빛 각성은 영원 불멸성을 가지고 있습니다. 그러므로 저 각성은 언제나 항상 나일 뿐입니다. 그 누구도 될 수가 없습니다. 바로 자기 자신을 환히 다 드러내어 보이는 이 묘각의 각성이야말로 그 누구도 아닌 항상 나입니다. 그 각성은 언제고 나일 수밖에 없습니다.

지금 이 어린이는 참 자기를 은밀히 의식하고서 물었습니다. 절대 다수의 인류는 자기 내면에 항상 깨어 있는 각성을 전혀 의식하지 못합니다. 자신을 깨닫고 아는 각성을 전혀 의식하지 못한 채 허구한 날 집단 무지로 생긴 망상이나 피우다가 죽습니다.

참으로 기가 막힌 사실은 생각으로 만들어진 신(神)을 교당이나 신전에서 계속 찾고 있는 것입니다. 찾아야 할 신은 자기 마음을 환히 보는 각성입니다. 각성은 밖에서 찾아지는 성질의 것이 아닙니다. 밖에서 찾아지는 것은 고뇌밖엔 없습니다. 그래서 금세기 성자 라즈니쉬는 이 지구촌을 정신병동이라고 했습니다.

지금 여기 일곱 살 법동자는 몰라서 물은 물음이 아니고, 자기 내면에 항상 깨어 있는 밝은 각성을 보고서 확신에 넘치는 물음을 하고 있는 것입니다.

나는 왜 나일 수밖에 없느냐?

누구나 자신의 내면에 깨어 있는 각성을 의식하게 된다면 예수님이 줄기차게 말씀

117

하신 '깨어 있으라' 하신 말씀의 참뜻을 단박에 깨달을 것입니다. 만약 깨어만 있으면 깨어 있는 밝은 각성 앞에는 온갖 고뇌가 저절로 숨을 거둡니다.

나는 나일 수밖에 없는 그자가 바로 참 나인 각성입니다. 그 각성을 스스로 의식만 한다면 나는 나일 수밖에 없음을 알 것입니다.

모두들 자기 자신을 환하게 투시해 보고 아는 묘각의 밝은 각성으로 돌아갑시다.

법동자여, 그대는 일찍이 그 누구도 아닌 나는 나일 수밖에 없는 참 나를 느끼고 있었구나. 본래 그대의 참 모습을 말이다.

안녕.

우리는 왜
이야기를 지어내나요?

열두 살 먹은 초등학생의 질문입니다.

어린이가 참으로 좋은 질문을 했습니다. 우리는 왜 이야기(伊野記)를 지어내느냐고 물었습니다.

지어내는 이야기는 모두가 세상 물정을 잘 모르는 어린이나 어리석은 사람들을 깨우쳐 주기 위한 방편으로 지어낸 말씀들입니다. 그러므로 어린이들을 재미있는 이야기로 깨닫게 해주다 보니 지어낸 많은 동화(童話)가 있습니다. 그리고 여행길에서 만난 길손들이 한가한 시간에 서로 나누는 재미있는 이야기 속에서 진리를 깨닫게 해주는 지어낸 우화(寓話)도 있습니다. 그런가 하면 전설적으로 내려오는 많은 이야기 속에서 진리를 깨닫게 해주는 지어낸 설화(說話)도 있습니다.

왜 이야기는 지어내는가?

어린이 여러분, 잘 생각해 보세요. 지어낸다는 말씀의 뜻은 실제 사실로 있는 물건이 아닌 것을 사실의 물건처럼 말로 만들어 낸다는 뜻입니다. 예를 하나 들어 보겠습니다.

그 누구도 우리들의 마음을 본 사람은 없습니다. 하지만 마음을 볼 수가 없다고 해서 실제로 마음이 없는 것도 아니지요. 다만 마음을 무슨 물건처럼 눈으로는 볼 수가 없을 뿐입니다.

자, 그러면 어찌해야만 자신의 마음을 남에게 설명할 수 있을까요? 바로 볼 수가 없는 마음을 어떻다고 남에게 설명하자니 숱한 말을 지어낼 수밖에 없습니다. 물론 마음은 볼 수가 있는 것이 아니지요. 스스로 느낄 수는 있지요. 스스로 느끼는 의식으로밖에는 설명할 수가 없습니다.

스스로 제 얼굴을 들여다보자면 밝고 맑은 거울이 있어야 하듯이 마음을 보는 거울은 지어내는 이야기밖에는 없습니다. 마치 같은 사람이라도 앞을 못 보는 맹인들은 손끝의 촉감으로 더듬어서 길을 가는 지팡이가 있어야만 하듯이 실제로 볼 수가 없는 마음의 세계로 우리가 들어가자면 마음이 가지고 있는 많은 뜻을 이야기로 지어내야만 했습니다. 실물처럼 보이지 않는 마음의 세계로 가자니 맹인의 지팡이 같은 많은 이야기가 절대적으로 필요했습니다.

동화나 설화 같은 이야기를 통하지 않고는 마음의 세계를 설명할 수가 없습니다.

아, 보라! 마음의 세계로 들어가는 지팡이는 모든 언어와 문자입니다.

이 모든 언어와 문자의 지팡이들은 우리의 마음을 더듬는 이야기로 깨닫게 합니다. 그러므로 언어와 문자로 깨닫게 하는 동화집은 모양 없는 마음을 깨닫게 하는 이야기입니다.

특히 어린이 여러분들을 위해 특별한 지어냄의 미학이 있습니다. 그것은 바로 여러분들이 즐겨 읽는 동화라고 하는 이야기(伊野記) 책들입니다.

어린이 여러분, 여기서 이야기라 하는 단어가 지닌 깊고, 높고, 아득히 먼 뜻을 설명해 볼게요.

그러면 이야기라고 하는 단어의 뜻은 무엇일까요? 이야기(伊野記)라고 하는 단어에서 이(伊) 자의 뜻은 '이솝'의 준말입니다. '이솝'은 실제 사람의 이름이 아닙니다. '이솝'은 불교에서 보살을 뜻하는 '보디사트바'가 변형된 단어라고 합니다. 곧 '보디사트바'의 준말은 '보살'입니다.

보디사트바, 보살들은 깨달음을 성취하기 위해서 세세생생에 한없는 무진 난행고행을 하신다고 합니다.

석가 세존께서 철부지 어린이들에게 은유와 비유로 저 보디사트바의 고행 사례를 재미있게 들려준 깨달음의 이야기들이 있습니다. 그 모음집을 『법동자설화집(法童子說話集)』이라 합니다. 이 『법동자설화집』을 후세의 학자들이 『이솝 이야기』라 했다고 합니다. 인도의 성자 라즈니쉬께서도 밝히셨습니다.

또, 야(野) 자의 뜻을 설명해 볼까요? 세상 사람들의 입을 통해서 전해오는 전설의 얘기들을 속칭 야담(野談)이라 합니다. 여기 야담에서 따온 글자입니다.

또, 이야기에서 기(記) 자의 의미는 역사적으로 기록이 있는 사실들을 기록한 사기(史記)에서 따온 글자입니다. 이 세 글자를 함께 붙여서 통칭 이야기(伊野記)라 한다고 지금 이 할아버지는 주장을 합니다.

어린이 여러분, 석가 세존이 어린이 여러분들에게 들려준 『법동자설화집』을 줄여서 후세 학자들이 동화책이라 했습니다. 비록 유치원생들이 재미있게 읽는 공상 만화 같은 동화책입니다.

하지만 그 동화들의 내용의 참 뜻은 실로 높고, 깊고, 아득히 먼, 오묘한 의미를 담고 있기 때문에 일반 상식으로는 이해하기가 어렵습니다. 왜냐하면 보통 사람들의 눈으로는 볼 수도 없는 캄캄한 마음을 깨쳐서 들어가는 지어냄의 이야기이기 때문입니다.

환상적인 동화와 우화와 설화를 통해서 저 마음의 수풀을 헤치고 크고 맑고 밝은 깨달음의 세계로 들어가는 지어냄의 지혜이기 때문입니다.

안녕.

우리나라 사람들은 정말 곰의 자손인가요?

열한 살 먹은 초등학생의 질문입니다.

세계적으로 많은 나라에는 나라마다 별다른 자기 종족의 이야기인 씨족 신화와 나라를 세운 개국 신화가 다 있습니다. 그러나 우리나라만은 신화가 아니라 창씨 설화와 개국 설화가 있습니다.

인간들의 정신세계에서 일어난 이야기를 신화(神話)라 합니다. 그러나 설화는 실제 사실로 있었던 일들이 전해져 내려오는 이야기들을 말합니다.

우리나라 시조 설화나 개국 설화는 모두가 실제로 있었던 사실의 역사를 말하고 있습니다. 인류학자들이 주장하는 짐승이 점점 변화를 해서 사람이 되었다는 진화설이나 고대 종교인들이 주장하는 절대의 신이 온 세상을 창조했다는 맹신의 신념으로 기록된 이야기는 『삼국유사』에는 없습니다.

또한 나라를 세운 건국 설화 하나만 보더라도 유사 이래로 다시 없는 '단군설화'입니다. '단군설화'는 오늘날 자유 민주 선거로 나라를 세웠다는 건국 설화로 기록이 되어 있습니다.

123

태초에 우리 민족은 자유 민주 선거를 통해서 단군왕검(檀君王儉)이라는 통치권자를 선출했습니다. 그 사실의 기록이 단군설화입니다. '단군왕검'이란 말도 뭇 민중들이 단결을 해서 통치권자를 뽑았다는 명칭입니다.

어린이 여러분, 할아버지의 이 같은 지견을 잘 보필해 주는 기록이 『삼국유사(三國遺事)』입니다.

어린이가 물었습니다. 우리는 곰의 자손이 맞느냐고 물었습니다.

비유로 이해를 돕겠습니다.

백화점에 가 보면 모든 물건에는 별다른 상표들이 다 붙어 있습니다. 또 우리나라 모든 대학에도 그 대학을 상징하는 특이한 모양의 마크가 다 있습니다.

예를 들면 고려대학은 호랑이, 연세대학은 독수리 그림을 가지고 자기 대학의 마크로 사용하고 있습니다. 꼭 이와 같은 의미로 만들어진 우리나라 개국 설화가 곰 자손 얘기입니다.

또 한 예로, 옛날에 공화당의 마크는 황소로 했듯이 우리나라 건국 설화에는 곰과 호랑이가 등장을 합니다. 『삼국유사』에 등장한 곰과 호랑이는 오늘날 여당과 야당의 속성을 그대로 상징하고 있습니다. 서로 정치 이념을 달리한 당원들이 자신들의 정치 이념을 상징한 두 동물이 되고 있습니다.

그러므로 야당의 이미지로 등장한 호랑이는 성질이 항상 급하기 때문에 무슨 문제가 생기면 호락호락 잘 넘어갔습니다. 이를 유사에서는 쑥과 마늘 얘기로 잘 묘사하고 있습니다.

반대로 여당인 곰 당은 곰처럼 무엇이든지 곰곰이 생각을 해보는 심사숙고형이었습니다. 그러므로 나라의 중책을 맡을 수가 있었던 것입니다. 이러한 정치 스타일을 유사에서는 곰과 호랑이로 잘 묘사하고 있습니다.

쑥과 마늘을 먹고 21일 동안 호랑이와 곰이 참고 견디는 인내를 실험한 이야기가 바로 이것입니다.

옛 고인들이 개국 설화의 미묘한 뜻을 시로 읊은 고시가 있습니다. 이를 읽어 보시면 누구나 이 할아버지가 유사를 바로 보는 지견이 되고 있음을 알 것입니다.

용호인생시(熊虎人生詩, 곰과 호랑이의 인생 시)

세사응용사(世事熊熊思) 세상일 곰곰이 생각해 보니,

차비호호시(此非虎虎時) 옳고 그름에 호락호락하지를 말고,

언하초초위(言何草草爲) 말을 함부로 풀풀이 하지를 말자.

심가화화촌(心可花花守) 가히 마음을 꽃꽃이 지키며,

인개궁궁거(人皆弓弓去) 남들은 모두 제멋대로 살아가지만,

아독시시래(我獨矢矢來) 나 홀로 살살 살펴 가리라.

차죽피죽거(此竹彼竹去) 이런 대로 저런 대로 사노라면,

전로송송개(前路松松開) 앞길이 솔솔 열리리로다.

옛날 우리 조상님들은 삶의 지혜를 침착성과 용맹성을 가진 곰과 호랑이에게서 배웠습니다. 이것이 웅호인생(熊虎人生)을 아는 조선족의 위대한 미덕입니다.

어린이 여러분, 실제 곰이 여자가 되었다는 얘기도 아니고요, 곰같이 곰곰이 생각하는 침착성과 호랑이 같은 용맹성을 가진 우리 민족성을 우화로 설명한 이야기입니다.

안녕.

나는 왜 어떤 일은 잊어버리고 어떤 일은 기억하나요?

일곱 살 먹은 어린아이의 질문입니다.

어린이 여러분, 사람 머리의 뇌는 두 쪽이라고 말합니다. 한쪽은 생각하는 의식계라 하고, 한쪽은 잊어먹는 무의식계라고 합니다.

지금 어린이가 좋아하는 컴퓨터도 기억하는 기능이 따로 있고요, 저장을 하는 기능 또한 따로 있습니다. 만약에 기억하고 잊어먹는 기능이 별도로 없다면 컴퓨터는 쓸모가 없게 되고, 사람도 정신에 무리가 생겨서 미쳐 버립니다.

그러므로 기억하고 잊어먹기도 하는 기능을 도맡고 있는 잠재의식계에 감사해야 합니다. 잠재의식은 기억(記憶)하고 망각(忘却)하는 기능을 도맡고 있습니다.

중성의 잠재의식은 우리들의 마음 가운데서 의식 속에 있는 생각을 꺼내어 왔다가 그 생각을 다시 무의식 속으로 저장을 하기도 합니다. 이러한 마음의 신비를 상음(想陰)이

라 합니다.

　어린이 여러분, 몸과 마음을 항상 고요히 앉아 지켜만 보는 마음공부를 좀 하세요. 마음속으로 저 석굴암 돌부처님 모습을 상상하세요. 그러면 신기하게도 몸과 마음이 편안해지면서 온 세상이 환하게 밝아집니다. 동시에 마음의 속성인 기억하고 잊어먹는 상음(想陰)이 꿈같이 사라집니다.

　이때 비로소 무엇을 기억하고 잊어먹는 건망증이나 저 무서운 치매 같은 정신병은 영원히 없어집니다. 아, 그때 그대는 보리라. 낮과 밤이 어디론가 멀리 가 버린 항상 밝은 온 세상을 보리라.

　안녕.

상음 : 생멸 변화하는 모든 것을 색·수·상·행·식의 다섯 가지로 나누는데, 세계를 창조하고 구성하는 요소들. 색은 몸, 수는 감각, 상은 상상(想像), 행은 마음의 작용, 식은 의식을 말한다.

우주인을
발견할 수 있나요?

다섯 살 먹은 어린아이의 질문입니다.

물론 발견할 수도 있습니다. 다만 정신 수양을 많이 해야만 우주인을 직접 만나볼 수가 있습니다. 하지만 우리들의 눈으로 볼 수는 없습니다. 왜냐하면 우리가 사는 지구촌 사람과 같은 물질로 된 사람이 아니기 때문입니다. 천상의 사람들은 몸이 모두 빛을 내는 광자로 되어 있기 때문에 그들의 몸은 진공처럼 맑고 유리처럼 투명합니다. 그래서 몸에서 항상 맑고 밝은 빛이 납니다.

지금 어린이가 물은 외계인은 한때 시끌벅적했던 E.T.와 같은 사람을 실제로 발견할 수가 있느냐고 물었지 싶습니다.

요즈음도 공포 드라마에 자주 등장하는 용가리나 또 이상하게 생긴 괴물들을 모두 외계에서 온 동물로 소개하고 있습니다. 이 괴물들이 첨단 장비로 무장된 인간들과 전쟁을 하는 영화를 자주 어린이들에게 보입니다.

저 모든 괴물들은 실제로 외계에서 온 동물들이 아닙니다. 분명한 사실은 아주 오랜 옛날에 이 지구촌에서 실재했던 동물들입니다. 땅속의 불기운으로 변화를 해서 생겨난 화생(化生) 종류의 공중을 나는 공룡과, 축축한 물기로 생겨난 습생(濕生) 종류로 뱀 같은 가루라와, 대기의 기운으로 생겨난 난생(卵生) 종류의 새 같은 긴나라와 암컷과 수컷이 어울려서 생겨난 태생 종류의 인비인들이 이 땅에서 살고 있었습니다.

저 영국의 다윈이 말한 원숭이가 사람이 되었다는 유인원설(類人猿說)은 모두 저 고대에 실재했던 사람인 듯 아닌 듯한 존재들의 시대 얘기로 보면 좋습니다.

오늘날 온 인류의 시조는 저 높은 천상에 살던 사람들이 지구촌에 구경을 왔다가 땅에서 나는 과일을 먹고는 그만 땅에 밟고 선 발이 딱 들러붙어서 천상으로 날아오르지 못한 무리가 이 세상에 살게 된 강생(降生)과의 인종들입니다.

어린이 여러분, 할아버지의 이 모든 이야기는 고사에 다 있는 말씀들입니다. 그래서 동양이나 서양의 고대 신화를 읽어 보세요. 그 모든 신화에 등장하는 주인공들은 사람 같은데 사람이 아닙니다.

예를 하나 들어 보겠습니다.

우리나라에 많은 성씨의 원 시조를 비조(鼻祖)라 합니다. 모든 생명이 생겨날 때는 콧구멍이 제일 먼저 생겨나기 때문에 원 시조를 비조라 합니다. 저 비조들이 생겨난 설화를 보면, 박씨(朴氏)는 용마가 낳은 태(胎)에서 나왔고, 경주 김씨는 닭이 낳은 알(卵)에서 나오고, 옛 백제의 온조왕은 지렁이가 변화를 해서 낳았다는 습생설입니다.

기원전 4500년경에 동양 정신문화의 기틀을 마련해 주신 기인(奇人)두 분이 계십니다. 한 분은 신농씨(神農氏)로 지금 강씨(姜氏)의 비조입니다. 또 한 분은 복희씨(伏羲氏)로 지금 이씨(李氏)의 비조입니다.

이 두 분의 공통점은 외모는 분명 사람 같은데 사람이 아닌 인비인(人非人)입니다. 그 두 분의 자세한 인상 기록을 보면, 신농씨는 몸은 사람인데 머리는 황소 같았다고 해서 인신우면(人身牛面)이라 했습니다. 신농씨는 만병을 고치는 본초학(本草學)과 인간이 먹고사는 영농법을 밝혀 놓으신 기인(奇人)입니다.

또한 분은 수(數)의 발견으로 오늘날과 같은 과학 문명을 이룰 수 있도록 하신 복희씨입니다. 복희씨는 몸은 뱀이고 얼굴은 사람이라 해서 사신인면(蛇身人面)이라 했습니다.

비록 이 분들은 인비인이었지만 오늘날 인류의 정신문화의 기틀을 이 땅에 심어 놓으셨습니다. 이 분들은 인류의 첨단 지식으로는 상상할 수 없는 오신통(五神通)을 다 지니고 있었습니다. 이분들의 뛰어난 시청각은 오늘날 전자 첨단 장비가 무색할 정도입니다. 마음대로 날아다니는 신족통은 오늘날 우주선도 무색할 정도입니다. 비록 몸은 축생 같았지만 대단한 신통력을 가지고 계셨습니다.

이들은 모두가 지구 밖에서 온 외계인도 아니고, 외계에서 온 축생들도 아닙니다. 아주 오랜 옛날 옛적에 이 지구촌에 실제로 생존해 있었던 신성(神聖)들입니다.

어린이 여러분, 그러므로 외계인이란 존재들을 절대로 지구권 밖에서 온 무엇이라 믿지 마세요. 지구권 밖에서 온 외계인은 존재한 일이 없습니다.

안녕.

지구의 무게는
어느 정도인가요?

열 살 먹은 초등학생의 질문입니다.

우주 물리학자들이 지구의 무게를 계산해 놓은 수량도 어디에 있을 것입니다. 다 부질없는 공산입니다. 실제 지구는 공중에 떠 있기 때문에 무게가 전혀 없습니다. 만약 지구의 무게가 실제로 조금이라도 있다면 지금 이 지구는 자체의 하중을 이기지 못하고 어디론가 곤두박질할 것입니다.

실제로 지구를 품고 있는 승천권 밖으로는 어떠한 중력도 용납을 못 하는 무중력의 공간입니다. 그래서 무게를 가진 어떠한 물체라도 공중에 둥둥 떠 있습니다.

부력을 가지고 있는 공간에는 무엇이든 끌어당기는 힘, 인력(引力)이 전혀 없습니다. 그렇기 때문에 지구의 무게를 산출한다는 얘기는 지구를 품고 있는 대기권 안에 살고 있는 인간들이 장난삼아 하는 말입니다.

설사 지구를 품고 도는 승천권 안에서도 지구 자체가 팽이처럼 고속으로 돌고 있기 때문에 지구 자체의 무게를 측정한다는 얘기는 말장난입니다. 지금 저 공중을 날고 있는 비행기도 일단 일정한 공간을 수평으로 날고 있을 때에는 하중이 전혀 없어집니다.

비행하는 속도의 부력에 의해서 날고 있으므로 무게가 없습니다. 그래서 승객들의 느낌에는 그냥 공중에 가만히 떠 있는 것처럼 생각이 됩니다.

안녕.

왜 물에
젖게 되나요?

일곱 살 먹은 어린아이의 질문입니다.

모든 물질은 미세한 섬유소로 구성되어 있습니다. 섬유소는 비록 미세하지만 그 섬유소의 모세관 속은 모두 비어 있습니다. 이 비어 있는 속을 물은 잘 스며듭니다. 이렇게 스며드는 현상을 모세관 현상이라 합니다. 그래서 높은 산에도 물이 나고 바위 꼭대기도 늘 습기로 촉촉합니다. 이 모두를 모세관 현상이라 이름 합니다. 이러한 모세관의 속성 때문에 물은 어디든 잘 스며듭니다. 이렇게 물이 모든 물체에 잘 스며드는 현상을 보고 우리는 젖는다고 말합니다.

어린이 여러분, 물은 만 생명의 어머니입니다. 물은 어머니의 마음이므로 만유에 촉촉이 스며들면서 모든 것을 품어 안고 윤택하게 길러냅니다. 바로 이 젖는 모성애가 물에는 있습니다. 항상 촉촉이 젖어 있는 어머니의 눈시울을 잘 들여다보세요. 어머니는 모든 것을 다 알고 있듯이 물도 모든 것을 다 잘 알고 있습니다. 그래서 하늘이 맑으면 물도 맑고, 하늘이 흐리면 물도 흐립니다. 그대의 마음이 탁하면 맑던 물도 탁해지고, 그대가 기도하는 아름다운 마음을 가지면 물은 온갖 신비의 문양을 만들어 줍니다. 바로 이것이 촉촉이 젖는 물의 기적입니다.

연민의 정으로 모든 것을 품어 안는 것은 번쩍번쩍 빛나는 금을 품어 안는 수은을 제외하고는 물밖에 없습니다. 그래서 물은 축축하게 젖게 하는 신비로운 미덕이 있습니다. 뿐만 아니라 물은 무아 실현의 회향심도 무량합니다. 이것이 품어 안아서 촉촉이 젖게도 하고 스스로 증발해서 자신의 모습을 감추는 물의 신비입니다.

도시는 콘크리트 건물로 뒤덮여 있습니다. 오늘날 세계의 모든 건물들을 보세요. 전부가 무아 실현을 할 줄 아는 물의 신비한 공법입니다.

물의 공법이란 무슨 말인가? 콘크리트 집을 지을 때 보면 모래와 시멘트를 섞습니다. 그 속에 물을 넣어 섞습니다. 물이 들어가서는 모래와 시멘트를 융합시켜 놓고 물 자신은 그 속에서 스스로 증발해 버립니다. 물이 증발이 되고 보면 시멘트와 모래는 돌처럼 단단히 굳어 버립니다. 이 기적이 금세기 건축 문화에서 첫째로 손꼽히는 물의 기적입니다.

어린이 여러분들이 입고 다니는 옷들도 매양 한가지입니다. 물의 은혜로 여러분들은 꽃처럼 예쁘게 단장을 하고 다닙니다.

우리도 저 물처럼 남에게 은혜를 베풀어 주고는 이름도 없이 제 스스로 감쪽같이 자취를 감추는 회향심(되돌려 베푸는 마음)을 꼭 배웁시다. 저 하늘의 성신이나 거룩한 성인들이 중생들의 온갖 소망을 낱낱이 다 풀어 주고는 자신들은 자취도 없는 것처럼 말입니다.

안녕.

향기는
어떻게 생기나요?

일곱 살 먹은 어린아이의 질문입니다.

빛의 색이 흔들려서는 소리를 내고, 소리의 파장이 진동하면서 향기가 되고, 향기가 축적되어서는 맛을 내고, 맛이 발산하는 자극성을 내므로 촉감을 내고, 촉감의 감촉이 지각을 흔들어서는 앎을 냅니다. 이를 색(色), 성(聲), 향(香), 미(味), 촉(觸), 법(法)이라 합니다.

경전에 있는 이 말씀을 아직도 인류는 무슨 뜻인가 상상도 못합니다. 앞으로 온 인류가 연구해 볼 숙제입니다.

어린이 여러분이 공부를 해서 언젠가는 이 육감(六感)을 과학적으로 밝혀 이 육감으로서 박사학위를 꼭 받으세요. 그래서 더 이상 도움말을 하지 않겠습니다.

참고로 향기는 곧 냄새입니다. 모든 냄새는 마음에서 비롯됩니다. 그래서 마음이 밝고 명랑한 사람은 몸에서 좋은 냄새가 납니다. 하지만 성미가 고약한 사람은 몸에서 심한 악취가 납니다. 특히 성욕을 탐하는 사람의 몸에서 암내가 많이 나는 이유도 마음이 음탕해지면서 흐리고 탁한 욕정의 물이 전신의 임파선과 성기에서 나오기 때문입니다. 그래서 짐승은 전신에서 악취가 나고 사람도 악취가 심한 사람이 혹 있습니다.
반대로 전신에서 좋은 향기를 풍기는 성인도 있습니다.

　안녕.

물체가
어떻게 타는 건가요?

일곱 살 먹은 어린아이의 질문입니다.

탄다고 하는 것은 온갖 원소를 함유하고 있는 물질의 그 속에 함유하고 있는 원소가 밖으로부터 받게 되는 탄소와 합일되면서 모두 강력한 탄소의 불꽃에 휘말리게 되어 마침내 새까맣게 타 버리게 됩니다. 타고 나면 남는 것이 있습니다. 그것이 질소라고 하는 흙입니다.

모든 물질의 속에는 수많은 원소가 있습니다. 원소란 분해하면 기체가 됩니다. 이 기체를 물질의 원소라 합니다.

그래서 물을 분해하면 수소가 되고, 불은 탄소가 됩니다. 흙이 분해되고 나면 질소가 되고, 바람인 공기가 분해되면 산소가 됩니다.

그러므로 물체가 타게 되는 것은 물체가 가진 원소들 중에서 물 기운인 수소보다도 불기운인 탄소가 더 강력하게 되어 물 기운인 수소가스를 태우면서 불꽃이 되는 것입니다. 그래서 불에 안 타는 물체는 흙을 제외하고는 없습니다. 오직 흙만은 태우지 못합니다. 흙은 물이나 불이 어떻게 하지를 못합니다.

그래서 대륙은 만고의 역사를 품고 있으면서 항상 그대로 불변합니다. 이것이 흙의 불가사의입니다.

흙의 시조는 우리들의 사념 망상입니다. 중생들의 미세한 사념 망상이 모여서 티끌이 되고, 그 티끌들이 쌓여서 흙이 됩니다. 그 흙먼지들이 쌓이고 쌓여서 지금의 이 대륙과 저 우주의 모든 천체가 되었습니다.

그러므로 대륙을 밟고 사는 모든 중생들은 사념 망상에서 잠시도 벗어나지 못합니다. 그래서 모든 중생들은 발이 땅에 붙어서 꼼짝을 못합니다.

어린이 여러분, 그리므로 우리는 번뇌 망상을 태우는 지혜의 불꽃을 피웁시다.

안녕.

번뇌 망상 : 마음이나 몸을 괴롭히는 노여움이나 욕망 따위의 망념.

어떻게 해서
색이 나나요?

할아버지가
알려주는
100문 100답
044

일곱 살 먹은 어린아이의 질문입니다.

모든 색깔은 태양빛의 다양한 각도에서 생깁니다. 이 빛의 색을 받은 물질이 다양한 빛의 파장을 서로 밀고 당기는 과정에서 여러 가지 색깔이 드러납니다.

예를 들어 보면 태양빛의 각도에서 보이는 바닷물의 경우는 동해는 파랗고, 서해는 누렇고, 남쪽 바다는 남색이 나고, 북해는 검게 보이는 그 이치가 바로 빛의 각도 때문입니다. 모든 물체의 색깔은 빛의 파장의 조화로 보입니다. 그래서 만물에는 여러 가지 물질이 지니고 있는 개성에 따라서 독특한 색깔이 보이게 됩니다.

빨강색은 그 폭이 매우 강하게 수직으로 파동을 치고, 푸른색은 그 파장이 수평으로 폭넓게 파동 칩니다. 그래서 고요히 잠든 것 같은 넓고 깊은 호수물의 색깔은 모두 새파란 빛깔을 띠게 됩니다. 이것은 수평에 반연된 빛의 조화입니다.

또 물체 그 자체가 생긴 각도대로 온갖 빛을 밀고 당기면서 다양한 색깔을 내는 다이아몬드도 있습니다.

물체가 지닌 색깔의 속성에 따라서 빛을 밀어내기도 하고 온갖 빛을 흡수함으로 해서 나타나는 색상도 다양합니다. 예를 들어 본다면, 검은색은 모든 빛을 흡수해 버리고 반대로 흰색은 모든 빛을 밖으로 다 반사해 버립니다.

이와 같이 사물이 지니고 있는 각도나 빛의 파장 여하에 따라서 다양한 색상을 두루 냅니다.

안녕.

맛은
어떻게 해서 나는 건가요?

일곱 살 먹은 어린아이의 질문입니다.

맛도 수천 종이나 됩니다. 온갖 맛은 심성과 빛과 기온의 파장으로 만들어집니다. 하지만 그 맛을 깨닫고 아는 것은 모두 우리의 마음입니다. 그러므로 모든 맛은 마음이 만들어 냅니다.

만약에 어린이 여러분이 부모님의 말씀을 통 안 듣고 날마다 부모님의 속을 썩여서 숯덩이처럼 태우면 부모님의 입맛은 설사 설탕을 드시더라도 소태같이 씁니다.

만일 어린이 여러분이 마음을 곱게 먹고 부모님과 선생님의 말씀을 잘 듣고 늘 머리 숙여 공손히 절도 잘하면서 아울러 공부도 잘하면, 설사 부모와 스승의 입에 온갖 독이 들어가더라도 다 감로 맛으로 변합니다. 그러므로 딱히 맛을 논리적인 이치나 지식으로 알려고 하면 못써요. 모든 맛과 향기는 모두가 우리가 쓰고 있는 마음에서 만들어집니다. 그래서 독한 마음을 축적하면 그 독한 심성이 굳어져서 온갖 독이 됩니다.

저 외국의 유명한 정신물리학자 한 분이 실험을 통해서 본 신통한 정신물리학 이론이 있습니다. 그 과학자는 특수한 시스템을 갖춘 유리함

142

에다가 사람을 넣고 몇 분 동안 그 사람이 화를 내게 했습니다. 특수 유리함 속에 있는 그 사람을 향해서 온갖 몹쓸 욕을 퍼부었더니 그 사람이 격분한 나머지 심한 분노의 욕설을 퍼부었습니다. 그 분노로 발산한 열기로 생긴 침잠물이 그 유리함에서 나왔습니다. 이 분노의 침잠물의 색은 노리끼리 했습니다. 이를 주사기로 쥐에게 주입시켜 보았더니 그 쥐는 불과 5분 만에 죽었다고 합니다.

반대로 이번에는 그 사람을 온갖 희롱으로 웃겨 보았답니다. 그랬더니 그 사람의 몸에서 나온 환희의 열기로 생긴 침잠물은 맑고 깨끗하였다고 합니다. 이 침잠물을 쥐에게 주입시켰더니 쥐는 무엇이 좋은지 이리저리 뛰어다녔다고 합니다.

만약 사람이 한 시간 동안 화를 내면 사람도 죽을 수 있는 치사량의 침잠물이 생성된다고 합니다.

어린이 여러분, 이래도 마음을 고약하게 쓸 작정인가요?

사람의 심성에 따라서 온갖 맛과 냄새가 만들어집니다. 그래서 사람의 성품이 따뜻하고 자비로우면 향기롭고 단맛을 냅니다. 하지만 성질이 불같고 악독하면 몸에서는 독한 악취가 나고, 지독히 매운맛을 냅니다.

또한 욕심이 지나치면 몸에서는 누린내가 나고, 입맛은 씁쓸한 맛을 냅니다. 또한 성욕이 심하면 몸에서 암내가 나고, 입안에서는 심한 구린내가 납니다. 또 시기와 질투가 심하면 몸에서 비린내가 심하게 나고, 입맛은 신맛을 내면서 입안이 헐게 됩니다.

반대로 항상 남을 위해서 기도하고 거룩한 성인을 늘 생각하면 몸은 공중을 나는 새처럼 가볍고 몸에서는 신선한 향기가 늘 납니다. 이러한 사람은 설사 아무리 독한 음식이 입에 들어가더라도 최상의 진미를 냅니다.

그러므로 모든 맛과 향기를 만들어 내는 제조창은 저 조미료 공장이나 화장품 회사에 있지 않고 마음을 어떻게 먹고 쓰느냐에 따라서 향기롭고 추악한 악취를 풍긴다는 사실을 꼭 깨달아야 합니다.

어린이 여러분, 지금 이 할아버지의 이야기는 다 크게 깨달으신 대성인의 말씀입니다.

안녕.

촉감은
어떻게 해서 생기나요?

일곱 살 먹은 어린아이의 질문입니다.

촉감은 표피 신경의 자극을 말합니다. 표피 신경의 자극이 지각신경에 전달되면 그 정보가 바로 각성에 전달이 됩니다. 그러면 전체를 깨닫고 아는 각성이 온갖 것을 두루 다 압니다.

각성은 몸 밖에서 일어난 가벼운 자극이라도 그 자극이 일단 지각신경에 전달됩니다. 자극을 받은 지각신경은 곧 깊은 내면에 항상 두루 깨어 있는 묘각의 각성에 전달을 합니다. 각성에 정보가 전달되면 찰나에 온갖 것을 두루 다 깨닫고 압니다. 곧 각성이 다 압니다.

쉽게 말하면 마음의 정보가 각성에 전달되면 그 정보를 각성이 모두다 깨닫고 압니다. 결코 마음이 다 아는 것이 아닙니다. 묘각의 빛, 각성이 다 압니다.

그래서 사물을 보고 아는 것을 시각(視覺)이라 하고, 소리를 듣고 아는 것을 청각(聽覺)이라 하며, 냄새를 맡고 아는 것을 후각(嗅覺)이라 하고, 맛을 보고 아는 것을 미각(味覺)이라 하고, 몸을 만져서 아는 감각을 촉각(觸覺)이라 하고, 무엇을 분별하는 의식을 생각(生覺)이라고 합니다.

우리는 이렇게 해서 무엇을 깨닫고 알게 됩니다. 누구나 자신의 마음을 아는 묘각의 빛, 각성이 다 있습니다. 어린이 여러분들도 혹 시중을 지나다가 맛나는 음식을 보면 저절로 입안에서는 침이 생길 것입니다. 또 반가운 친구를 만나면 얼굴 가득히 미소가 흐르고, 혹 무서운 사람을 만나면 졸지에 몸에 소름이 끼칠 것입니다. 이렇게 밖으로 받아들인 정신 반응을 모두 다 촉각(觸覺)이라 합니다.

일반인들을 위한 신경이 생기게 된 생원설을 말씀드려 보겠습니다. 중생들의 몸에 있는 감각신경계(感覺神經系)는 과연 어떻게 해서 생겼을까요? 간단히 설명해 보겠습니다.

몸에 있는 크고 작고 미세한 모든 신경줄의 근본 원소를 청정한 사대(四大)라 합니다. 사대란 질소(地), 산소(風), 탄소(火), 수소(水)입니다. 이 사대가 개성에 따라서 다양하게 뚤뚤 뭉쳐서 몸의 온갖 기관과 신경을 만들어 냈습니다. 저 청정한 사대에서 신경의 속성에 따라 명주실처럼 신경실을 뽑아내었습니다. 이렇게 나온 신경의 실들이 전신의 몸통을 칭칭 감싸게 되었습니다.

지금 우리들의 육신을 얽어매고 있는 큰 신경의 줄은 열둘이 됩니다. 이 열두 개의 큰 신경의 줄이 몸을 상하좌우로 왕래합니다.

우리들의 몸에는 신성불가침의 터널이 있습니다. 그 신성불가침의 터널은 몸통 가운데 척추 상하로 통하는 독맥과, 복부 상하로 통하는 임맥과, 배꼽을 중심해서 좌우로 통하는 대맥입니다. 이 대맥은 교감신경계를 지배하고 있습니다.

이 삼맥(三脈)은 마음의 속성 가운데서 나왔습니다. 마음의 속성은 의식과 잠재의식과 무의식입니다. 바로 이 삼맥은 깨닫고 아는 세 개의 각성의 터널입니다. 이 세 개의 터널이 육신의 전후좌우 상하로 왕래하고 있습니다.

음성의 임맥 쪽으로는 자율신경과 교감신경과 반양 반음인 미주신경이 왕래를 합니다. 또 중추신경계를 도맡고 있는 양성의 독맥은 운동 신경계와 지각 신경계와 반양 반음인 감각 신경계를 지배하고 있습니다. 또 저 중성의 반음 반양의 대맥은 소음, 부교감 신경계를 지배하고 있습니다.

이렇게 음성과 양성에 소속된 여섯 개의 신경이 상하좌우로 교감이 되면서 열두 개의 신경계로 둔갑되었습니다.

이것이 12신경계가 생긴 연원입니다. 이 12신경이 몸의 안팎으로 전신을 둘둘 싸고 있습니다. 이 12신경 중에서 촉감을 내는 신경은 반양 반음인 대맥의 소관입니다.

어린이가 물은 촉감은 모두 소양 소음 신경계인 대맥에 소속되어 있습니다.

그러면 실로 촉감을 아는 정신작용은 과연 어떻게 해서 일어날까요?

촉감의 속성은 무엇이 몸과 마음에 감응하면 찰나에 반응을 합니다. 그래서 몸에는 무엇이 닿으면 촉감을 내고, 아무런 촉감이 없으면 그냥 담담합니다.

만약에 무슨 물건이나 자기 손이라도 몸에 닿으면 전신을 중중첩첩으로 감싸고 있든 감각계가 파동을 칩니다. 이때 잠재의식의 계보에 속하는 교감신경이 그 파동을 받아서 마음 가운데 자리를 잡고 있는 묘각의 빛, 각성에 그 정보를 전달합니다. 그러면 모든 것을 다 깨닫고 알게 됩니다.

이것이 촉감의 신비입니다.

어린이 여러분들은 지금은 무슨 말인가 잘 모르더라도 많이 읽어 두세요.

안녕.

어떻게 해서
우리는 알 수 있나요?

할아버지가
알려주는
100문 100답
047

일곱 살 먹은 어린아이의 질문입니다.

어린이를 위한 답부터 드리겠습니다.

어떻게 아느냐 하면, 우리들의 마음속에는 무엇을 깨닫고 아는 의식이 있습니다. 그래서 기억된 모든 것은 다 압니다. 그러므로 사람의 얼굴 쪽은 밝습니다. 또 아무것도 모르는 무의식이 있습니다. 그래서 우리는 잠이 들면 아무것도 모릅니다. 그러므로 사람의 머리 쪽은 검고 머리카락은 잘라도 아프지 않습니다.

또 이것인가, 저것인가를 생각하는 신기한 잠재의식이 별도로 있습니다. 우리는 요리조리 생각을 하는 분별 망상이 끝없이 일어납니다. 그래서 얼굴의 양 눈썹은 생각에 따라 요리조리 움직입니다.

어린이가 물은 답은, 우리들의 마음속에 있는 의식으로 말미암아 무엇을 깨닫고 알게 됩니다.

다음은 모든 이에게 들려 드리고 싶은 고등 심리학입니다.

누구나 자신의 마음을 환히 다 드러내 보이는 거울이 있습니다. 이 마음을 보는 거울을 부처님은 묘각이라 하셨습니다. 이 묘각의 거울에는 있고 없는 것도 다 드러내어 압니다. 뿐만 아니라 있지도 없지도 않은 것도 다 드러내어 압니다.

그래서 있고, 없고, 있지도 없지도 않은 마음까지도 다 압니다. 또 이 묘각의 거울에는 밝고 어둡고 밝지도 어둡지도 않은 마음까지도 다 드러나 압니다. 또 알고, 모르고, 아는 것도 아니고, 모르는 것도 아닌 마음까지도 다 압니다.

이렇게 불가사의한 묘각의 신비로 우리들 마음이 생겼습니다. 이 마음을 한 몸에 다 담아 놓고 있는 머리에는 눈(眼), 귀(耳), 코(鼻), 혀(舌), 몸(身), 뇌(意)라고 하는 감관기관이 붙어 있습니다. 이 여섯 기관을 마음의 뿌리라 해서 육근(六根)이라 합니다.

이 육근을 통하여 우리는 눈으로 색상을 보고, 귀로 소리를 듣고, 코로 냄새를 맡고, 입으로 맛을 보고, 몸으로 느끼고, 머리로 생각을 합니다.

이렇게 얼굴에 붙은 육근을 통해서 무엇을 아는 알음알이가 일어납니다. 이 알음알이를 식심(識心)이라 합니다.

무엇을 분별하는 식심은 바로 저 묘각의 여명으로 생긴 마음 가운데 자리를 잡고 있는 맑은 식정(識精)에서 비롯됩니다. 저 마음 가운데 자리 잡고 있는 장식(藏識)이라 이름하는 이 식정이 곧 육근에 반연된 모든 현

상을 분별하는 알음알이를 냅니다. 이를 분별하는 의식이라 해서 식심(識心)이라 합니다. 이 식심은 우리들이 흔히 말하는 심(心)입니다.

결국은 식심이 묘각을 자극하여 전체를 깨닫고 아는 앎을 냅니다. 우리는 쉽게 마음이 다 안다고들 하지만 실은 여러분들의 몸과 마음을 환히 다 드러내 보이는 묘각의 각성이 별도로 있습니다. 묘각의 각성은 모든 것을 다 깨닫고 압니다.

우리는 일찍이 이렇게 심심 미묘한 고등 심리학을 누구로부터 들어본 일도, 어느 책에서 읽어본 일도 없기 때문에 지금 할아버지의 이야기가 무척 어려울 것입니다.

어린이 여러분, 할아버지의 이야기가 잘 이해되지 않아도 애써 많이 읽어 두세요. 그러면 그 어느 날 홀연히 깨닫게 됩니다.

안녕.

소리는
어떻게 해서 나나요?

할아버지가
알려주는
100문 100답
048

　일곱 살 먹은 어린아이의 질문입니다.

　떨림이 있으면 소리가 됩니다. 떨림이 없으면 아무 소리도 나지 않습니다. 눈에 안 보이는 마음도 한가지입니다. 마음이 움직이면(動) 온갖 생각이 일어나서 번뇌스러워지고, 마음이 움직이지 않으면 생각도 고요해집니다.

　이와 마찬가지로 저 허공이나 단단한 물질도 떨리지 않으면 고요하고, 만약 요동을 치게 되면 자연히 소리가 요란해집니다.

　그러므로 어린이 여러분도 몸과 마음을 고요히 하는 연습을 많이 해야 합니다. 왜냐하면, 몸과 마음이 고요하지 않으면 온갖 고통이 일어나기 때문입니다. 그래서 몸과 마음을 고요히 하는 연습을 많이 해야만 합니다. 그러면 어떻게 하면 몸과 마음이 고요해질까요? 그것은 가만히 앉아서 자신의 몸과 마음을 느끼기만 하면 됩니다. 이를 명상이라 합니다.

　이렇게 몸과 마음을 의식(느낌)만 하면 저절로 마음이 고요해지는 명상이 됩니다. 이렇게 침묵을 하는 명상을 애써 해야만 합니다. 그래야만, 태양과 같은 밝은 각성이 빛나고 달덩이 같은 복덕이 몸과 마음에서 일어납니다.

그런데 보세요. 이 세상은 어른이고 젊은이고 할 것 없이 모두들 너무나 삭신을 흔들고 설칩니다. 저 높은 하늘에 떠 있는 해와 달을 보세요. 저 해와 달은 실제로는 움직입니다. 그러나 우리들의 눈에는 조금도 움직이지 않는 것처럼 보입니다. 그래서 만인이 다 우러러봅니다.

이와 같이 저 해와 달이 고요한 가운데서 움직이는 정중동(靜中動)의 미덕을 우리는 익혀야 해요. 저 고요한 하늘과 땅은 내가 있거나 없거나 상관없이 항상 그대로 머물러 있지만 내 인생은 내가 어떻게 하느냐에 따라서 길고 짧습니다. 조용히 앉아 있는 연습을 많이 하세요. 조용히 오래 앉아 있음이 영원히 사는 장수의 비결입니다.

안녕.

왜 학교에
가야 하나요?

여덟 살 먹은 초등학생의 질문입니다.

반드시 학교를 가야 할 어린이가 있고 학교에 가지 않아도 되는 어린이도 혹 있습니다.

먼저 학교를 반드시 가야만 할 어린이가 있습니다. 태어나면서부터 아무것도 모르는 일반 보통 어린이들입니다. 반면에 학교에 가야 할 이유가 전혀 없는 어린이도 있습니다. 학교에 가지 않아도 좋은 어린이가 지구상에 몇 분이 계셨습니다. 그 대표적인 성인으로는 석가 세존과 예수님이 계십니다.

이런 성인은 태어나면서부터 일체를 다 이미 깨닫고 이 세상에 오셨기 때문에 딱히 무엇을 배워야 할 이유가 전혀 없습니다. 글자나 수학을 가르치시는 선생님들이 오히려 그 어린이에게 새롭게 배워야만 하기 때문입니다.

오늘날도 세 살, 네 살 때 이미 세상의 글자를 다 안다고 소문난 어린이도 혹 있습니다. 이들은 어린 나이에 이미 글자를 다 읽고 다 쓰기도 합니다. 이러한 귀재들은 석가 세존이나 예수님의 경우와는 영 다릅니다. 보통 일반 귀재들은 전생에 배워서 익혀 놓은 기억이 잠깐 되살아났을 뿐입니다. 저 인도의 석존이나 이스라엘의 예수님처럼 태어나면서부터 수만 생을 환히 다 보고 다 아시는 깨달음의 지혜는 아닙니다.

그래서 일반 보통 천재들은 십오륙 세 이전에는 무엇을 잘 알다가도 이상하게 사춘기가 접어들면 보통 일반 애들의 상식으로 돌아갑니다. 혹 바보가 되는 수도 있습니다. 그러므로 여러분이 천재이든 혹 바보이든 간에 그 누구라도 학교는 꼭 가야만 합니다.

왜냐하면 학교란 글공부만 하는 곳이 아니기 때문입니다. 더불어 세상을 살아가는 인간관계를 익힙니다. 벗들과 주고받는 미운 정 고운 정으로 서로 다투는 가운데서 다양한 인간미를 익힙니다. 또한 인생에서 가장 소중한 남의 말을 침묵하고 듣는 아름다운 미덕을 배웁니다. 그것은 선생님들의 말씀을 경청하는 학습에서 익혀집니다.

세상에 가장 무서운 병은 남의 말을 조용히 듣지 못하는 독선의 병입니다. 남이 무슨 말을 하려고 들면 단박에 그로 하여금 말을 못하게 하고, 제 말만 하는 독선의 병입니다. 이러한 무서운 경거망동의 다변증은 학교 선생님들의 말씀을 오랜 세월 동안 침묵하고 경청하는 가운데 치료가 됩니다. 남의 말을 다소곳이 듣는 경청하는 침묵의 미덕이 익혀집니다. 그래서 학교 교육이 매우 중요합니다.

아울러 세상을 슬기롭게 살아가는 삶의 지혜는 학교의 단체 생활에서 배우고 익혀집니다. 글공부도 중요하지만 사람이 살아가는 삶의 지혜는 질서 있는 공동체 생활에서 숙달이 됩니다. 공연히 무엇을 좀 잘 안다고 해서 집단 교육을 무시하고 군중의 체제를 멀리하게 되면, 남과 어울릴 수 없는 고독한 사람이 되고 맙니다.

그래서 옛날 선지식들은 혼자서 스승 없이 공부를 많이 한 사람들을 하늘의 마귀가 붙은 천마외도(天魔外道)라고 하셨습니다.

학교 교단에 서서 남들을 지도하고 글공부를 시키시는 선생님들은 남다른 지식과 남나른 품위를 지니고 있습니다. 그러므로 스승을 따르는 후학들은 자연히 스승의 고상한 인격과 신선한 품위와 유식하고 슬기로운 구변을 배우게 됩니다. 또 교내 생활에서 서배와 후배들을 사귐에 있어서도 좋고 나쁜 인간미와 각별한 지성미를 배우게 됩니다.

그러므로 선후배의 인간관계 속에서 힘없고 가련한 친우들에게는 베풀 줄 아는 인간미도 배웁니다. 그 누구도 혼자서는 살 수 없다는 소중한 사회질서를 배웁니다. 더더욱 값진 교육은 더불어 살아가는 헌신의 삶을 배웁니다. 저마다 제 잘났다고 생각하는 무서운 교만도 학우들과 어울림에서 자연스럽게 부서집니다.

어린이 여러분, 지금 이 글을 쓰는 할아버지의 평생 후회가 무엇인 줄을 아세요! 할아버지는 병적으로 학교를 멀리했습니다. 그래서 학벌 교육에 별나셨던 아버님의 눈물을 많이도 흘리게 했습니다. 이렇게도 몹쓸 불효의 허물로 지금도 가슴이 멥니다. 학교를 멀리했던 이 할아버지가 간절히 여러분들에게 부탁합니다. 학교는 꼭 잘 다니세요. 어떠한 시련과 난관이 있더라도 학교는 잘 다니세요. 모든 학교는 배우고 살아야만 하는 모든 인생의 신전(神殿)이기 때문입니다.

안녕.

책은
왜 읽어야 하나요?

일곱 살 먹은 어린아이의 질문입니다.

많은 지식과 바른 인격을 성취하기 위해서는 많은 책을 읽어야만 합니다. 모든 책에는 온 인류가 수 만 생을 살아오면서 몸과 마음으로 체험하고 느끼고 깨달은 영적 경험이 문자로 모두 담겨 있습니다.

그래서 수많은 책들 속에는 온갖 인생들의 이야기가 기록되어 있습니다. 누구나 이 세상을 살면서 몸으로 체험하고 마음으로 느끼고 깨달은 많은 이야기를 담아 놓고 있습니다. 이렇게 많은 지식과 인생의 많은 체험을 담아 놓은 수많은 책을 읽게 되면 온갖 인생의 삶을 간접적으로 다 체험하고 정신적으로 모두 경험을 하게 됩니다. 그러므로 세상을 살아가는 좋은 교양의 지식이 됩니다. 그러므로 책을 많이 읽는 것은 훌륭한 삶을 살 수 있는 지혜를 배우게 됩니다.

동양의 성자 공자님도 수많은 책을 읽고 쓰고 하셨습니다. 금세기에 왔다가 가신 인도의 성자 라즈니쉬는 일생 동안 십만 권 이상의 책을 읽으셨다고 고백을 하셨습니다. 보통 사람들로서는 상상을 못하는 독서의 성자입니다.

예부터 많은 학자들은 지극한 즐거움은 독서에 있다고 해서 지락독서(至樂讀書)라고 하셨습니다.

어린이 여러분의 지락은 무엇입니까? 혹시라도 휴대폰 게임이 아닐까요? 컴퓨터 게임이나 휴대폰의 망령에 취해 있다면 하루속히 마음을 바로잡아 주세요. 그 마음을 책을 많이 읽는 즐거움으로 꼭 바로잡아 주세요.

안녕.

세상엔
왜 나쁜 일이 일어나요?

일곱 살 먹은 어린아이의 질문입니다.

사람들의 마음은 두 쪽으로 되어 있다고 합니다. 한쪽 마음은 착하고 다른 한쪽의 마음은 악하다고 합니다. 그래서 우리들의 마음은 늘 다툽니다. 두 마음이 항상 싸움질을 합니다.

우리들이 쉽게 쓰는 양심은 바로 두 양(兩) 자와 마음 심(心) 자를 써서 양심(兩心)이라 합니다. 바로 이 두 마음이 온갖 재앙을 불러옵니다. 그러므로 이 두 마음을 항상 속속들이 잘 들여다보세요.

스스로 쓰고 있는 마음을 들여다보면 좋은 마음보다도 나쁜 마음이 더 많습니다. 그렇기 때문에 세상에는 나쁜 일이 끝도 없이 일어납니다. 그러면 어떻게 하면 나쁜 마음을 없게 하고 좋은 마음이 많아질까요? 그 요령은 간단합니다.

누구나 좋은 생각으로 좋은 일을 했을 때에는 무척 기분이 좋습니다. 하지만 나쁜 마음으로 나쁜 짓을 했을 때에는 몹시 기분이 상합니다. 그래서 누구나 기분이 상하는 나쁜 행위는 싫어합니다.

반대로 좋은 일을 했을 때에 일어나는 기분 좋은 마음은 누구나 가지

159

고 싶어 합니다. 아무리 좋은 말이라도 누가 곁에서 이래라 저래라 하면 몹시 싫어집니다. 그래서 스스로 자신의 몸과 마음을 촘촘히 느끼는 습관을 들여야 합니다. 자신의 몸과 마음을 느끼는 지혜는 누가 들려주는 산소리가 아니기 때문입니다. 그렇기 때문에 귀찮지도 않고, 싫증도 나지 않습니다.

태양같이 밝은 이시이 지혜는 항상 자신의 몸과 마음을 자세히 비추어 줍니다. 그러므로 기분을 망치는 나쁜 행동이나 부질없는 마음은 주시하는 지혜 앞에서는 자연히 모습을 감춥니다. 이렇게 자신의 몸과 마음을 자세히 들여다보는 지혜야말로 온갖 중생의 고뇌를 홀랑 벗겨 줍니다.

마음을 자세히 들여다보라는 말씀의 뜻은, 몸과 마음을 촘촘히 느끼라는 말입니다. 몸이 아픈지 편안한지, 마음이 괴로운지 즐거운지를 촘촘히 느끼는 각성을 지혜라 합니다.

몸과 마음을 보는 주시의 지혜가 몸과 마음에 사무치게 되면 저절로 무한히 편안한 마음이 온 세상에 가득해집니다. 온 세상이 이렇게 편안해지는 주시의 지혜를 닦는다면 저절로 온 세상에는 나쁜 일이 일어나지 않습니다.

어린이 여러분, 할아버지의 말씀대로 몸과 마음을 촘촘히 보는 연습을 열심히 해보세요.

안녕.

성형수술을
하면 안 되나요?

열세 살 먹은 초등학생의 질문입니다.

어린이 여러분, 하나 물어봅시다. 원숭이가 사람의 가죽으로 성형수술을 했다고 해서 저 원숭이가 진짜 사람이 됩니까?

미국의 유명한 가수 마이클 잭슨은 본래 흑인입니다. 그 흑인이 백인처럼 성형수술을 하면서 세계 젊은이들로 하여금 광란의 사랑을 받아왔습니다. 하지만 그는 그 성형수술의 후유증으로 인해서 평생 약을 복용하다가 결국 얼마 전에 단명을 했습니다.

오늘날 특히 한국의 젊은이들은 성형수술이 얼마나 무서운 재앙이 되고 있음을 잘 모르고 있습니다. 본래의 제 얼굴이 싫어서 꼴 잘난 남의 모습으로 변형을 시키고 있습니다. 글쎄요, 얼굴을 팔아서 잘 먹고 잘 살아보겠다고 하는 저 쓸개 빠진 철부지들 하며, 얼굴이 예뻐야만 배우도 되고, 사랑하는 연인도 쉽게 만난다고 생각하는 저 어리석은 젊은이들을 어쩌면 좋을까요?

미국의 명배우 마릴린 먼로의 말로를 보세요. 몸매와 얼굴은 절륜한 양귀비 같았지만 그 얼굴을 보고 벌떼같이 달려든 숱한 남정네의 한결

같은 추태를 보세요. 어째서 여성들은 남정네의 번갯불 풋사랑을 어찌 저리도 모를까요? 먼로는 자기 집에서 자결을 했습니다. 왜? 뉘라 할 것 없는 남정네의 성희롱에 보내는 메시지로 그녀는 자결을 하고 말았습니다.

요즈음 들어서는 부쩍 얼굴을 뜯어 고치는 유행병이 만연하고 있습니다. 목적은 남에게 예쁘게 보이려는 속셈입니다. 그 예쁘게 보이려는 속셈은 또 무엇일까요?

남녀가 서로 쉽게 만나 깊은 사이로 맺어지는 좋은 간판이 되기 때문일 것입니다. 하지만 그 인물로 만난 저 인간들의 번갯불 사랑을 그렇게도 모르는가? 또 그 후유증이 얼마나 심각한 줄이나 아시나요? 물론 교통사고와 같은 부득이한 경우를 제외하고는 절대로 성형수술을 해서는 안 됩니다.

어린이 여러분, 이 할아버지의 이야기를 잘 기억해 두세요. 절대로 성형수술은 하지 마세요. 누구나 부모가 준 이 몸에 어쩌다가 교통사고 같은 큰 상처가 생기면 어쩔 수가 없으므로 수술을 해야 마땅합니다. 비록 어쩔 수가 없는 당연한 수술이라 하더라도 한 번 칼이 살갗을 후비고 지나가면 살과 살은 감쪽같이 잘 살아 붙습니다. 하지만 불가사의하게도 미세한 신경세포 조직은 절대 본래대로 복원되지 않습니다. 이것이 신경세포 조직이 가지고 있는 신비입니다.

살과 살은 서로 접합이 잘 되어서 잘 복원이 됩니다. 하지만 신경 계통은 서로 본래대로 살아 붙지를 않습니다. 반드시 신경계에 균열이 생깁니다. 그러므로 성형수술을 받고나면 그 후유증이 보통 심각한 것이 아닙니다. 제발 특별한 경우가 아니면 생긴 그대로 편안히 살다가 가세요.

162

삼국지에 등장하는 명장 하후돈은 적이 쏜 화살이 눈알에 꼽히자 눈에 박힌 그 화살을 뽑았습니다. 그러자 그 화살의 끝에 자신의 눈알이 뽑혀 나왔습니다. 이를 본 하후돈은 그 화살 끝에 박혀 나온 눈알을 입으로 삼키면서 남긴 유명한 명언이 있습니다.

"내 어찌 부모가 준 소중한 혈육을 전지의 흙속에 버릴 수가 있겠느냐?" 하면서 입으로 삼켜 버렸던 것입니다. 바로 이러한 정신이 천연 자연을 존숭하고 부모의 큰 은혜에 대한 충심의 예절입니다.

그러므로 진정한 자연 보호는 내 부모가 준 이 몸을 잘 보존하고 지키는 마음입니다. 그런데 부모가 준 신성한 그 얼굴을 만약 성형을 한다고 칼질을 하게 되면 아무리 수술이 잘됐다고 해도 평생 자신만이 느끼는 엄청난 마비감의 고통을 어떻게 감당하렵니까?

성형외과 의사들께 묻습니다. 당신들의 가족에게도 성형수술을 권할 수가 있습니까? 가족에게 권할 수 없는 의료행위를 남들에게 시행한다면 세상에 이런 파렴치가 어디에 또 있습니까? 차라리 돈을 많이 못 벌어서 가난하게 살지언정 절대로 생을 두고 후회하며 고통 받는 고객은 만들지 말아야만 진정한 의사입니다. 전 세계적으로 성형이든 정형이든 그 수술로 인한 후유증으로 고생하는 이들이 한둘이 아닙니다. 스스로 견디어 내기가 힘겨워서 자결을 하는 사람들도 있습니다.

어린이 여러분, 수술은 어떤 경우든 그 후유증이 심각합니다. 메스가 지난 자리는 살과 살은 생성되어도 신경은 절대로 원상태로 살아나지 않습니다. 그러므로 특별한 경우가 아니면 수술을 하시면 안 됩니다.

안녕.

위인들은 어디로 갔나요?
나도 위인이 될 수 있나요?

여덟 살 먹은 초등학생의 질문입니다.

위인들은 역사 속에 있습니다. 힘없고 가련한 중생들에게 따뜻한 사랑을 베푸는 어버이 같은 분들은 모두가 위인들입니다. 그러므로 누구나 위인이 될 수 있습니다.

하지만 저 어버이 같은 위인들은 모두가 세상에 오래 머물러 살지 못했습니다. 다수는 짧은 생을 마감하였습니다. 그 원인은 진리의 속성 때문입니다. 진리는 악마들에게 있어서는 천적입니다. 그래서 진리의 꽃을 피우던 위인들은 저 마구니들에게 죽임을 당했습니다.

마치 저 모든 과일 나무는 활짝 피었던 꽃잎이 떨어져야만 결실의 열매를 맺듯 말입니다. 그래서 위인들은 나쁜 세상의 인간들로 하여금 죽임을 당했습니다. 꽃잎이 금방 떨어지듯이 말입니다. 하지만 영원한 진리의 씨앗이 되어서 그 씨앗들 속에서 깨달음의 싹을 틔웠던 것입니다.

그 대표적인 위인이 예수님입니다.

또 이 지구촌에는 성현의 이름을 팔아먹고 잘사는 사탄들도 있었습니다. 이들은 소박한 민중의 집단 무지를 신의 이름으로 최면을 걸어서 종교 제국을 건설했습니다.

저 마구니들은 민중의 어버이 같은 성현이 나타나면 오래 못살게 합니다. 그래서 위인들은 항상 산야 시중에 숨어서 이름 없이 삽니다. 물론 저들이 무서워서가 아닙니다.

거룩한 위인들은 남 몰래 민생을 돕는 방편이 다양합니다. 저 위인들은 여러 가지 모습으로 세상에 나타납니다. 놀라운 과학자, 혹은 대사업가로도 이 세상에 나타납니다. 그들은 언제나 온 세상을 모두 잘살게 해놓고 있습니다.

보다 차원이 높은 성현들은 우리들의 육안으로는 도저히 볼 수가 없습니다. 그분들을 알아보자면 우리들 자신이 성현을 보는 법안(法眼)이 열려야 합니다.

어린이 여러분, 진실로 놀라운 성인들은 꼭 인간의 몸을 가지고 세상에 머물러 살 이유가 없습니다. 왜냐하면 스스로 터득하신 깨달음의 몸이 있기 때문입니다. 그 깨달음의 몸은 허공신입니다. 허공신을 법신(法身)이라 합니다.

허공을 자신의 몸으로 삼고 있기 때문에 우주의 몸으로 우주적인 은혜를 베풀고 계십니다. 그러므로 힘의 한계가 있는 육신을 가지고 세상에 꼭 머물러 있을 필요는 전혀 없습니다. 다만 밝고 맑은 각성(覺性)의 몸, 법신을 가지고 온 세상을 두루 보살피고 계십니다. 하지만 중생들은 전혀 볼 수도 없고 이러한 진실을 알아차릴 수도 없습니다.

저 우주를 한 몸으로 삼고 계시는 하나님도 한가지입니다. 저 간살스러운 사기꾼 사탄들을 혼내 주시려고 잠깐 이 세상에 오셨던 예수님도 한가지입니다. 깨달은 자의 대용맹을 보여주신 용맹의 성자 예수님도 스스로 깨달은 신통력을 가지고 온 세상을 항상 두루 보살펴 주시고 계십니다.

이와 같이 법신으로 일체중생들을 보살펴 주시는 법신 보살들을 상징하는 신성의 마크가 있습니다. 그것이 불교의 만자(卍字)와 기독교의 십자가입니다.

어린이 여러분, 위인들은 어디에 계시느냐고요? 저 만자와 십자가에 계십니다.

안녕.

친구란
어떤 사이인가요?

열 살 먹은 초등학생의 질문입니다.

친구의 친(親) 자는 어버이 친(親)입니다. 인연 중에 어버이보다도 더 깊은 인연은 없다고 합니다. 구(舊) 자는 옛 구(舊)입니다. 옛날 저 오랜 옛적부터 서로는 한 번도 떨어져 본 사이가 없는 관계(關契)를 친구라 합니다.

관계(關契)란 단어의 뜻도 서로 얽히고설켜서 하나로 똘똘 뭉친 사이를 말합니다. 그러므로 내 친구의 아픔이 곧 나의 아픔이 되고, 친구의 기쁨이 곧 나의 행복이 되는 관계의 벗을 친구라 합니다. 그러므로 나의 모든 것을 다 주고 주어도 항상 모자라서 늘 부족한 마음이 일어나는 사이를 친구라 합니다.

친구 사이에 있었던 아름다운 이야기는 귀하게 전해 오지만 친구의 배신으로 신세를 망친 슬픈 이야기는 너무 많이 전해 옵니다. 그러므로 친구 사이에는 절대로 금전 거래를 하거나 사업을 같이 하는 동업은 해서는 안 됩니다. 금전 거래를 하거나 동업을 해서 성공한 사람은 참으로 귀합니다. 그렇게도 절친했던 친구 사이가 하루아침에 원수가 된 경우는 너무나 많습니다.

그래서 지금 이 할아버지는 친구 사이를 이렇게 평합니다. 친구 사이는 면도칼에 묻은 꿀을 서로 빨아먹는 사이와 같습니다. 그만큼 친구 사이는 조심해야 할 사이란 뜻입니다. 물론 참으로 좋은 친구의 아름다운 이야기도 있습니다.

그 사례의 실화 한 토막을 들려 드리겠습니다.

대구에 사는 춘부와 연동이는 동갑내기로서 한동네에서 태어나 같이 자랐습니다. 군에도 같이 가서 한날한시에 제대를 했습니다. 고향으로 돌아온 둘은 결혼도 같은 해에 했습니다. 사업도 같은 모직업을 하게 되었습니다. 둘은 대구에서 직물 사업으로 상당히 성공도 했습니다.

그런데 어느 날 갑자기 춘부의 친구 연동이가 업무 차 멀리 갔다가 그만 교통사고로 죽고 말았습니다. 춘부는 친구를 잃은 슬픔도 견디기가 어려웠지만 그 친구의 사업과 친구의 가족을 어떻게 도울까 하는 걱정도 만만치 않았습니다. 같은 모직물 공장이다 보니 자신의 사업처럼 잘 도울 수는 있었습니다.

다행히 친구의 부인은 미모도 뛰어났고 사업을 경영하는 수완도 죽은 남편 못지않았습니다. 춘부는 친구 부인을 간접적으로 돕다 보니 자연스럽게 한 가족처럼 편안한 사이로 잘 지냈습니다.

그러던 어느 날, 친구의 부인이 공장에 출근을 며칠째 안 한다고 해서 춘부는 무슨 일이 있는가 하고 달려갔습니다. 공장의 비서에게 물어보니 사장님은 알 수가 없는 병으로 며칠째 병원에 입원을 하고 있다고 했습니다. 그래서 놀란 춘부는 밤늦게 그 병원을 찾아갔습니다.

부인은 하얀 침대 위에서 하얀 가운을 입고 하얀 면사포 같은 이불을 덮어쓰고 누워 있었습니다.

"어디가 어떻게 아프신가요?"

깜짝 놀란 춘부는 부인을 잘 보살펴 주었습니다.

그 정성으로 친구의 부인은 건강하게 되었고, 부인은 그때의 고마움으로, 그날 이후 남편의 친구 춘부를 살아 있는 생불로 본다고 했습니다. 가깝게는 친 오라비같이 섬기면서 서로는 한줌의 부끄러움 없이 맑고 깨끗한 마음으로 지금껏 오누이처럼 잘 지내고 있습니다.

이것이 진정한 친구입니다. 아무나 넘볼 수가 없는 신성한 친구의 관계를 잠깐 소개를 해 드렸습니다.

어린이 여러분, 친구가 무엇인가를 꼭 잘 생각해 보세요.

안녕.

왜 물건을
아껴 써야 하나요?

할아버지가
알려주는
100문 100답
055

일곱 살 먹은 어린아이의 질문입니다.

'산에 가서 나무를 아끼고, 강가에 가서 물을 아껴라. 그러면 산을 지키는 산신이 복을 주고, 물을 지키는 용왕이 복을 준다'는 민속 신앙의 가르침이 있습니다.

세상에 아껴서 나쁠 것은 하나도 없고 낭비가 좋을 게 없습니다. 요즈음 세상에는 말도 안 되는 말을 예사로 합니다. 막무가내로 써 버리는 낭비벽을 소비문화라고 말합니다. 소비가 문화라면 저 가난에 허덕이는 아프리카의 굶주린 민생들은 기갈의 문화 민족이란 말입니까?

식자들에게 묻습니다. 자연의 법도에 맞지 않는 말들은 언어 망발이고, 법답지를 못한 행위는 모두가 망국지조입니다.

그런데 허망한 유행어를 언어 자유의 문화라 하고, 품위 없는 행위를 자주권 문화라 하고, 여성의 덕목인 숨기고 감춤의 미덕 대신 하반신을 홀랑 벗고 시중을 활개치고 다님을 성문화라 한다면, 정말로 이래도 됩니까?

어린이 여러분, 저런 몹쓸 유행병들은 독사처럼 피해야 합니다. 그러므로 저들의 막돼먹은 행위를 절대로 따라하지 마세요. 저렇게 법답지를 못한 그 업보*들이 엄청나게 무섭습니다.

아무쪼록 무엇이든지 아끼고 근검절약해서 쓸 줄 아는 복스러운 좋은 습관을 반드시 배워서 익혀야만 합니다. 종이 한 장이라도 아껴서 쓸 줄 아는 사람은 세세생생에 모든 것이 풍족한 풍요로운 세상에 태어난다고 합니다.

그런데 근검절약의 공덕이 무엇인 줄도 모르는 저 무식한 인간들은 수건 한 장을 빠는 데도 물을 몇 동이를 쓰고, 먹다 남은 밥을 버리기를 휴지처럼 합니다. 이렇게 못돼먹은 낭비벽 인생들은 세세생생에 메마르고 굶주린 저 사막에 태어납니다.

이제 왜 모든 것을 아껴서 써야 하는지 잘 아셨습니까?

지구상에서 낭비벽의 업보를 톡톡히 받고 사는 저 메마른 사막의 민생들의 숨 막히는 고통을 두 눈으로 똑똑히 보고도 불신을 한다면, 이러한 인간을 일러서 부처님이나 예수님이 곁에서 따라다니며 말리고 달래도 도무지 말을 듣지 않는 강강 중생이라 합니다.

안녕.

업보 : 자신이 지은 행위(업)의 좋고 나쁨에 따라 그 결과를 받게 되는 것. 업과.

나는 어떤 사람이
되어야 하나요?

　열세 살 먹은 초등학생의 질문입니다.

　물론 누구나 다 좋은 사람이 되어야지요. 좋은 사람은 몸으로는 열심히 일을 하고, 마음으로는 나쁜 정신이 일어나면 단박에 지워 버립니다. 바로 이러한 사람이 되어야만 합니다.

　하지만 여러분의 부모님은 할아버지의 이 주장에 반대할 것입니다. 부모님들의 바람은 제 자식들만은 손톱 발톱 밑에 흙먼지를 넣으면 절대로 안 된다고 생각을 하십니다.

　그래서 여러분들을 과외도 시키고, 수학여행도 외국으로 보내면서 자식이 서울대학을 못 가면 몸살을 합니다.

　보세요, 학부모들이여. 그러한 잘못된 욕구의 바람이 어찌 학문의 길이란 말인가? 학이시습(學而時習)이란 공자님의 금쪽같은 말씀을 좀 생각해 보세요. 공부는 몸으로는 생산성 있는 노동을 하면서 시간이 나는 대로 틈틈이 수시로 글자를 익히면 된다는 말씀입니다.

　그런데 여러분 부모님들의 소망은 내 자식들만은 흙을 만지고 입과 코로 그 흙냄새를 맡으면 절대로 안 된다는 생각입니다. 적어도 내 자식들은 청와대나 국회의사당이나 법관이 앉는 고급한 권좌에 앉아 있어야만 한다고 생각합니다.

이게 도대체 무슨 애들의 교육이며 학문의 길입니까? 옛 선지식들의 인생 좌우명이나 읊으며 금세기 학문의 풍토병 얘기는 각설하렵니다.

지도농사(至道 農事) 지극히 소중한 도는 농사일 하는 것이고

지락독서(至樂 讀書) 지극한 즐거움은 글 읽는 독서로다.

지요자학(至要 子學) 지극한 바람은 자식들 글공부요,

지심명상(至心 冥想) 지극한 마음은 명상에 있고

지행봉사 (至行 奉仕) 지극한 행은 봉사하는 삶이로다.

안녕.

부처님은
어디에 있나요?

할아버지가
알려주는
100문 100답
057

일곱 살 먹은 어린아이의 질문입니다.

부처님이 어디에 계시느냐고요? 우리 모두의 마음에 계십니다. 곧 이 마음이 부처라 해서 직심시불(直心是佛)이라 합니다. 그러나 이 마음이 곧 부처라고 해서 지금 우리가 쓰고 있는 이 마음 자체가 부처라는 말씀은 아닙니다. 마음속에 부처님의 성품이 있다는 뜻입니다.

그렇다면 지금부터 우리 스스로가 우리들의 마음속에 부처님의 성품인 불성(佛性)이 어떻게 있는가를 한번 찾아봅시다.

어린이 여러분들은 마음이 맑고 깨끗하기 때문에 할아버지가 귀띔하는 이야기를 잘 들어보면 불성이 무엇인가를 단박에 느낄 수가 있습니다. 실제로 마음은 눈으로 볼 수 없습니다. 그래도 마음을 사실같이 분명하게 느낄 수는 있습니다.

항상 모든 것을 깨닫는 마음을 한번 생각해 보세요 우리가 기쁜 일이 생기면 금방 기분이 좋습니다. 이렇게 기분이 좋은 마음을 단박에 압니다. 또 갑자기 기분 나쁜 소리를 누구로부터 들으면 벼락같이 속이 상합니다. 이렇게 속상한 마음을 단박에 느낄 수가 있습니다.

이렇게 우리는 마음이 실제로 있다는 사실을 눈으로 보지는 못해도 실제로 있음을 분명하게 느낄 수 있습니다.

어린이 여러분, 지금 잠깐 눈을 감아 보세요. 그러면 무엇이 보일까요? 꼭 감은 눈앞에는 어두컴컴한 그림자가 나타납니다. 분명 어두운 그림자가 앞을 가릴 것입니다. 또 반대로 눈을 번쩍 떠 보세요. 그러면 눈앞이 환할 것입니다. 그것은 밝은 빛을 보기 때문입니다.

자, 지금부터 다시 생각을 잘 해봅시다. 눈을 감으면 분명 어두운 그림자가 앞을 가립니다. 반대로 눈을 뜨게 되면 눈앞이 환하게 밝음을 봅니다. 그렇다면 눈의 각성은 눈을 뜨나 감으나 항상 다 보고 있다는 얘기가 됩니다. 이렇게 밝고 어두운 그림자를 다 보고 다 아는 자가 분명히 있습니다. 이렇게 밝든 어둡든, 밝고 어둠을 다 보고 다 아는 그 자를 부처님의 성품이란 뜻에서 불성(佛性)이라 합니다.

그렇다면 실제로 무엇을 불성(佛性)이라 하느냐 하면, 예를 하나 들어 보겠습니다.

저 높은 하늘에는 태양이 있습니다. 저 태양을 부처님으로 비유해 봅시다. 부처님과 같은 태양은 항상 밝은 빛을 발산합니다. 태양 그 자체는 곧 부처님입니다. 태양의 몸에서 나온 빛은 깨닫고 아는 각성입니다. 그 각성을 불성이라 합니다. 태양의 비유와 한가지로 우리가 눈을 떠도 보고 감아도 보는 성품은 곧 부처님의 몸에서 나온 성품입니다. 이를 불성이라 하고 각성이라 합니다.

이 불성은 묘하게 두루 다 깨닫고 다 안다고 해서 이를 각성(覺性)이라 합니다. 각성은 곧 불성(佛性)입니다. 우리들의 몸에도 불성인 각성이 다 있습니다. 그래서 몸에 무엇이 닿으면 느끼고, 아무것도 닿지 않으면 아무런 느낌이 없습니다. 이렇게 느낌이 있고 느낌이 없음을 동시에 다 깨닫고 압니다.

이렇게 아는 각성은 곧 불성입니다. 몸을 꼬집어 보세요. 그러면 꼬집을 때는 통증이 있고 손을 뗐을 때는 감각이 없습니다. 이렇듯 몸에서 감각은 왔다 갔다 하지만 깨닫고 아는 각성은 항상 그대로 머물러 있음을 금방 깨달을 것입니다.

귀도 한가지입니다. 소리가 있으면 듣고 소리가 없으면 소리가 안 들림을 압니다. 이렇게 소리가 있고 없음을 동시에 다 압니다. 비록 소리는 왔다 갔다 했지만 깨닫고 아는 각성은 항상 그대로 머물고 있음을 금방 깨달을 것입니다.

또 코도 한가지입니다. 냄새가 나면 냄새가 있음을 알고 코를 막아서 아무런 냄새가 통하지 못하면 냄새가 없음을 압니다. 이렇게 냄새가 있고 냄새가 없음을 동시에 다 아는 이것을 불성이라 하고 이를 각성이라 합니다. 냄새는 왔다 갔다 했으나 깨닫고 아는 각성은 항상 그대로 머물고 있음을 단박에 깨달을 것입니다.

혀도 혀끝에 무엇이 닿으면 맛을 알고 혀에 닿음이 없으면 아무런 맛이 없음을 압니다. 이렇게 맛이 있고 맛이 없음을 동시에 다 압니다. 결국 맛은 혀끝에서 왔다 갔다 했지만 미각을 아는 각성은 항상 그대로 머물고 있음을 금방 깨달을 것입니다.

생각하는 의식(意識)도 한가지입니다. 아는 글자가 나오면 금방 기억이 나고, 모르는 글자를 보면 아득한 마음이 앞을 가림을 압니다. 이렇게 묘각의 각성은 글자를 알고 글자를 모름을 동시에 다 느끼고 깨닫습니다. 이렇게 알고 모름이 왔다 갔다 했을 뿐 두루 다 깨닫고 아는 각성은 항상 그대로 있음을 단박에 깨달을 것입니다.

이렇게 우리들의 마음을 두루 다 깨닫고 아는 불성이 있습니다. 생각하고 분별하는 의식으로는 알고 모르고를 다 깨닫고, 아는 것도 모르는 것도 아닌 심경까지도 두루 다 깨닫고 압니다. 이를 묘각의 빛, 각성이라 합니다.

눈으로는 밝고 어둡고 또한 밝지도 어둡지도 않는 경계도 다 깨닫고 다 압니다. 코로도 귀로도 몸으로도 다 똑같이 알고 모르고, 알지도 모르지도 않는 심경까지도 두루 다 깨닫고 압니다. 이를 불성이라 하고 각성이라 합니다.

그러므로 모든 종교에서 말하고 있는 전지전능하다는 하나님이나 절대 신(神)은 모두 석가 세존이 깨달은 묘각을 두고 하신 말씀입니다. 우리들의 마음을 두루 다 깨닫는 불성이 곧 전지전능하고 절대의 신비를 지닌 신입니다. 그러므로 모든 종교에서 찾고 있는 신이나 부처는 반드시 우리들의 마음속에서 찾아야 합니다. 여기 우리들의 마음속에 다 있기 때문입니다. 바로 이 마음을 속속들이 다 깨닫고 아는 자이기 때문입니다. 그렇지 않고 산속 절이나 종교의 신전을 아무리 찾아 헤매어 보아도 인류가 꼭 찾아야 할 절대자나 묘각(妙覺)은 영원히 만나지 못합니다.

어린이 여러분은 할아버지처럼 꼭 우리들의 마음속에서 부처나 신을 찾으세요. 마음속에 분명히 계십니다.

안녕.

이 세상에
귀신이 있나요, 없나요?

일곱 살 먹은 어린아이의 질문입니다.

어린이 여러분은 어떻게 생각하시나요? 우리들의 몸속에 정신이 있습니까?

"있지요. 만약 정신이 없다면 생각도 못하고 걸어 다니지도 못합니다."

옳습니다. 그러면 귀신이 무엇인가를 알면 됩니다. 마음이 탐욕으로 타락하면 영혼이 되고, 영혼이 애욕으로 타락하면 혼백(魂魄)이 되고, 혼백이 욕정으로 타락하면 귀신이 되고, 귀신이 색정의 오르가슴에 물들면 괴귀라 이름하는 온갖 세균이나 바이러스가 됩니다.

그래서 사람이 죽어서 그 몸이 상하게 되면 제일 먼저 괴귀류에 속하는 온갖 벌레가 몸에서 기어 나옵니다. 저 산천의 나무나 흙과 돌도 썩으면 괴귀류의 벌레가 기어 나오고, 잡초가 썩어도 무수한 벌레가 기어 나옵니다. 흙에도 물에도 다 벌레가 충만해 있습니다. 이 모두를 한 단어로 귀신(鬼神)이라 이름 합니다. 이는 본래로 맑고 깨끗한 우리들의 마음이 욕정으로 흐리고 탁해지면서 발생한 귀신이라 이름하는 번뇌들입니다.

오늘날 전자현미경으로 보면 세균 바이러스가 실제로 보이듯이 깨달음을 얻은 도인들은 귀신을 환하게 다 봅니다. 우리가 밤에 잠을 자게 되면 흔히 꿈을 꿉니다. 그 꿈속에서 온 세상을 헤매고 다니는 몸이 있습니다. 그 몸을 중음신(中陰身)이라 합니다. 만약 사람이 전혀 마음 닦는 명상을 하지 않고 죽으면 모두 밝은 마음은 없어지고 흐리고 탁한 혼백이 됩니다. 혼백이 또 죽으면 귀신이 됩니다. 귀신이 죽으면 또 괴귀가 됩니다. 괴귀가 죽으면 흙이 되고 산천초목이 됩니다. 그러므로 흙이나 초목에도 벌레가 버글거립니다.

이 세상에 고약한 냄새를 내는 온갖 악취는 모두 세균, 바이러스 같은 괴귀들입니다. 그래서 괴귀가 몸에 붙은 무속인들은 몸에서 고약한 냄새가 납니다. 이 모든 귀신이나 괴귀들은 우리들의 영혼이 사악한 죄를 많이 지어서 타락한 망령(亡靈)들입니다. 그러므로 우리들은 항상 마음을 맑히는 명상을 많이 해야 합니다. 또한 항상 남을 배려하는 착한 선행을 베풀어야 합니다. 그래야만 원만히 잘생긴 몸을 얻습니다.

어린이 여러분, 부디 착하게 사세요. 착하게 살면 항상 그 마음이 맑고 밝아서 천상의 화락한 빛이 됩니다. 그렇게 되면 추악하게 냄새나는 귀신 얘기는 영원히 듣고 보지 않게 됩니다.

"그러므로 귀신은 없어요."

안녕.

제사는 왜 지내나요?
돌아가신 분이 제사 때 정말 오시나요?

　일곱 살 먹은 어린아이의 질문입니다.

　제사를 지내는 정성스러운 예절에는 저마다 아름다운 마음이 꽃을 피운 만사형통의 복덕성(福德性)이 있습니다. 그 복덕의 힘으로 살아 있는 사람에게는 환경이 풍요로운 온갖 행운이 오고, 덕력(德力)으로는 뜻하지 못했던 집안의 온갖 나쁜 재앙이 물러가게 됩니다. 재를 올리는 요식은 죽은 영혼에게 선근 공덕을 심어 주는 예절이 됩니다.

　그러므로 죽은 영혼은 지옥, 아귀, 축생이라 하는 나쁜 갈래를 면하게 됩니다. 특히 불교에서 행하는 천도재나 천주교의 미사는 죽은 영혼이 천상에 환생하게 하는 공덕을 심어 줍니다. 그러므로 제사는 죽은 영혼을 좋은 곳으로 환생시키는 명복(冥福)이 됩니다.

　무엇이 명복인가? 죽은 영혼이 나쁜 악도에 떨어져서 한없는 고통을 받게 될 경우에 친족들이 망인을 위하여 좋은 음식이나 재물을 가난한 자에게 베풀고 또한 거룩한 성인에게 지극한 정성으로 빌어 주는 이 모든 제례의 요식을 명복이라 합니다.

　만약에 좋은 곳에 태어날 공덕을 많이 쌓은 사람이라도 그 자손들이 이와 같은 좋은 선근을 베풀면 그 망인은 더더욱 좋은 곳으로 환생한다고 합니다. 그래서 전통의 제사를 받들어 실행하면 살아 있는 사람이나 죽은 자가 다 함께 한없는 복덕을 얻습니다.

세상을 살려면 돈이 있어야 합니다. 돈이 없으면 단박에 거지가 됩니다. 그와 마찬가지로 사람이 착한 행위로 생기는 복덕이 없으면, 만 가지 재앙이 쉬지 않고 일어납니다. 그래서 돌아가신 조상에게 제사라도 잘 올리는 선량한 사람이 되어야만 합니다.

요즘 사람들은 고유한 전통의 미풍양속을 가볍게 봅니다. 그러므로 서로 마주 보고 절하는 인사도 창피하게 생각합니다. 우리는 누구나 머잖아 다 죽습니다. 예절을 무시한 그 업보가 얼마나 무서운가를 죽어서 맛볼 때는 이미 늦었습니다.

잘 보세요. 세상에서 남의 신세로 살아가는 기구한 인생들을 보세요. 저들에게 무슨 아름다운 인간미나 참신한 정신이 무르녹은 예절이 어디에 있습디까? 예절로 생기는 복스러운 미덕이 전혀 없습니다.

어린이가 물었습니다. 제사 때 죽은 조상이 실제로 오시느냐고 물었습니다. 어린이의 물음 속에는 실제로 영혼이 있어서 그 영혼들이 살아 있는 자손들이나 모든 사람에게 실제로 무엇을 베풀 수가 있을까 하는 의문도 함께 숨어 있습니다.

영혼이 실재한다는 실화 한 토막을 이야기하겠습니다.

경상남도 통영에서 실제로 있었던 이야기입니다. 어부 형제가 죽은 자에게 베푼 선행의 실화입니다.

통영에 살고 있는 장씨 형제가 배를 타고 고기를 잡으려고 일찍이 바다로 배를 저어 나아갔습니다. 막 그물을 던지는데, 무언가 묵직한 물체가 그물 안으로 걸려들기에 무슨 큰 고기라도 잡혔는가 하고는 형제가 힘겹게 끌어올렸습니다. 막상 건져 올려 가지고 보니 물고기가 아니고 뜻밖에도 어디서 떠내려 왔는지 물에 빠져서 익사한 사람의 시체였습니다.

심히 놀란 장씨 형제는 이름도 성도 알 수가 없는 그 무명의 시체를 잘 수습했습니다. 시신을 잘 염을 해 가지고는 지게에 그 시체를 짊어지고 높은 산 언덕배기로 올라갔습니다.

형제는 아는 상식대로 양지바른 평지에다가 그 시신을 잘 묻었습니다. 그리고는 그 봉분 앞에다가 주안상을 차려놓고 형제는 두 번 큰절을 올렸습니다. 아무도 몰래 이렇게 장씨 형제는 친족이나 다름없는 정성으로 장례를 잘 치르고는 집으로 돌아왔습니다.

그런데 장씨 형제는 그날로부터 기적과 이적이 날로 달로 일어났습니다. 날로 달로 만선의 고기잡이로 기쁨이 넘치더니 마침내 거제 고을의 큰 부자가 되었습니다.

이러한 기적은 혹 그 죽은 영혼이 감사해서 도울 수도 있습니다. 하지만 저 무한한 우주에는 제불 보살들이 닦아 놓은 무량한 공덕이 꽉 차 있습니다. 이를 공덕장이라 합니다. 그러므로 누구나 놀라운 선행을 베풀게 되면 저 우주에 가득한 공덕장이 그 선행을 베푼 자를 무량한 공덕력으로 품어 안아 줍니다.

그러므로 착한 사람에게는 온갖 기적과 이적의 행운이 일어나게 되어 있습니다. 반대로 세상을 놀라게 하는 악행을 저지르면 저 우주에 가득한 악덕성이 그 죄인을 품어 안기 때문에 무서운 재앙이 일어납니다.

또 남의 해골을 함부로 박대를 해서 단박에 화를 당한, 실제로 있었던 이야기입니다. 다른 사람의 얘기도 아닙니다. 할아버지의 고모님 큰아들이 당한 실화입니다.

고모의 아들이면 필자와는 고종사촌이 됩니다. 고종사촌 내외가 밭을 매는데, 무엇이 호미 끝에 걸리므로 그것을 끌어올리고 보니 뜻밖에 사람의 해골이었습니다. 이 해골바가지를 별 생각 없이 아무렇게나 밭 언덕배기에 파묻어 버렸습니다. 해골을 묻고 막 돌아서는데, 집을 지키고 있던 큰아들이 급히 달려오면서 소리를 질렀습니다.

"아버지, 어머니. 큰일 났어요."

"무슨 큰일인데?"

일손을 놓고 심상찮게 물었습니다. 아들이 하는 말이,

"둘째가 피를 토하고 있어요."

내외는 급히 집으로 달려갔습니다. 가서 보니 둘째가 코피를 흘리는 정도가 아니고 입으로 막 피를 토하고 있지 않겠습니까? 너무나 놀란 내외는 애를 등에 업고 한때에 신의(神醫)로 소문난 아버님 집으로 달려갔습니다. 고모부님께서 아들 내외와 손자의 형편을 살펴보시더니 호랑이 눈을 부릅뜨고 대뜸 하시는 말씀이,

"너희들 밭에서 일하다가 나온 남의 유골을 아무렇게나 파묻어 버렸구나. 에잇, 몹쓸 놈. 어서 물 한 바가지를 떠오너라."

효순한 며느리가 얼른 물 한 바가지를 떠다가 올렸습니다. 그 물을 받으신 고모부님은 마당 한가운데쯤 서시더니 동서 사방으로 각각 칠보를 걸으시면서 바가지에 담아온 물을 각 방위마다 한 모금씩 머금었다 푸푸 하고 내뿜으셨습니다. 그리고 마당 중앙에 서서 누구도 알 수가 없는 무슨 주문을 외우셨습니다. 고모부님이 외우신 그 귀주는 허망한 망

상으로 생긴 망량귀(魍魎鬼)를 소멸시키는 신비한 주문입니다. 그 주문을 외우신 염력의 공덕력이 있었습니다.

그래서 그 주문의 신비력으로 피를 토하던 손자는 감쪽같이 지혈이 되있습니다. 금세 멀쩡히게 다 나은 손자를 불러서 손자의 다리 족삼혈에 침 한 방을 딱 찌르시니 순진한 손자는 히죽이 웃고 있었습니다.

"너희 내외는 그 유골을 밭 서쪽 언덕배기에다가 잘 묻어 주거라. 사람은 항상 산 자나 죽은 자에게나 최상의 예를 갖출 줄 알아야 하느니라."

고모부님은 하회 류씨 집안입니다. 그래서 필자의 고종들은 어려서부터 엄한 유교의 교육을 받고 자랐습니다.

어린이 여러분, 잘 생각해 보세요. 저 죽은 자의 영혼이 산 사람을 해쳤다고 생각하십니까? 그것은 아닙니다. 사람의 유골이나 오래 묵은 고목나무에는 무서운 자연 방사선이나 독가스가 있습니다. 만약 복덕이 없는 사람이 이 자연 방사선에 감염이 되거나 악성 가스를 흡입하게 되면 즉석에서 피를 토하고 죽기도 합니다. 혹은 급성 열병이나 정신질환이 일어나는 수도 있습니다. 이러한 재앙을 속칭 '산바람 났다'고 합니다.

산바람의 재앙은 참으로 무섭습니다. 조상의 산소를 함부로 건드려서 생기는 재앙입니다. 심한 경우로는 온 집안에 줄초상이 나기도 합니다. 이럴 때에는 옮긴 산소의 네 귀퉁이에다 경면주사 한 냥씩을 문종이에 싸서 적당히 묻어 두면 재앙을 면할 수 있습니다. 경면주사에는 유해한 독가스와 자연 방사선을 소멸시키는 힘이 있기 때문입니다.

사실은 복덕이 많은 현자들에게는 이같이 허망한 재앙이 일어나지 않습니다. 그것은 예절에서 생기는 복을 많이 지어 놓았기 때문입니다. 복덕성의 공덕은 마치 방탄복을 입은 것과 같고 방독면을 쓴 것과 같은 영험이 있기 때문입니다.

지금 어린이가 묻고 있습니다. 왜 제사를 지내느냐고요?

만 가지 복덕이 생기는 예절이 없으면 눈이 있으나 보지 못하고, 귀가 있으나 듣지 못하며, 입이 있으나 말을 못하고, 몸은 있으나 남의 신세로 살아가고, 의식은 있으나 유령과 같은 사람이 됩니다.

아, 보라. 저 복덕성 없는 기구한 인생들은 살아서는 죽을 고생이요, 죽어서는 삼악도로 직행을 합니다.

또 묻기를, 돌아가신 분이 제사 때 정말로 오시나요? 정말로 오실 수가 있는 영혼이 혹 있습니다. 반대로 전혀 오실 수 없는 영혼도 있습니다.

어째서 그런가 하면, 돌아가신 영혼이 이 세상에 살아 계실 때에 세상을 위해서 좋은 공덕을 많이 지어 놓으신 분은 자기의 제삿날을 혹 알고 찾아오는 수도 있습니다. 그러나 죄가 커서 지옥을 간 영혼은 절대로 제삿날을 알고 찾아올 수가 없습니다. 마치 중형을 받고 교도소에 수감되어 있는 죄인과 같은 신세이기 때문입니다.

또 착한 어린이가 묻고 있습니다. 왜 제사를 지내야 하느냐고 말입니다.

조상이나 죽은 자에게 제사를 올리는 예법에는 두 가지 깊은 뜻이 있습니다.

첫째로, 제사를 지내는 제식에는 죽은 영혼을 극락과 천당으로 환생을 시키고자 하는 큰 소망이 있습니다. 그래서 불교에서는 천도재가 있고, 천주교에서는 장례미사가 있습니다.

둘째는 공자님의 분묘 사상과 제례법에서 유래한 사상입니다. 공자님의 시절에는 시도 때도 없이 날이면 날마다 전쟁이 일어났습니다. 그래서 공자님의 시절을 춘추 전국시대라고 합니다. 이때는 온 나라 백성들은 뜻하지도 못했던 난리통에 온 가족을 졸지에 다 잃어버리고 서로 가족을 찾는 슬픈 역사가 오래도록 계속 되었습니다.

이를 직접 목격하신 공자님은 그 대안의 지혜로 분묘 사상과 제사를 지내는 유교의 제례법을 확립합니다. 공자님은 죽은 자에게 묘를 쓰게 해서 그 묘터가 가족이 만나는 만남의 광장이 되게 했습니다. 그리고 또 제 조상의 제삿날을 기억했다가 고향집으로 찾아와서 가족이 서로 만나는 만남의 축제일이 되게끔 하셨습니다.

이것이 공자님의 높고 깊은 분묘 사상과 제례법의 심오한 뜻입니다.

아, 보라. 아직도 이 나라 국토 분단과 사상 분열로 이산가족 찾기를 애타게 아쉬워하는 가련한 조선족이여! 그대들은 어찌하여 같은 동이족인 공자님의 깊고 높은 뜻을 그리도 헤아리지 못하는가.

어린이 여러분, 여러분의 시대에는 반드시 남북통일과 민족의 동질성을 꼭 이룰 것입니다.

안녕.

이 세상에서
무엇이 제일 무섭나요?

할아버지가
알려주는
100문 100답
060

일곱 살 먹은 어린아이의 질문입니다.

이 세상에서 제일 무서운 것은 악행입니다. 또 세상에서 무서운 것은 모든 생명을 다 죽이는 핵폭탄도 아니고, 누구나 걸리면 다 죽는 암 같은 병도 아닙니다.

왜냐하면 핵폭탄을 만드는 핵은 잘만 쓰게 되면 온 세상을 밝히는 전 깃불도 되고, 세상에서 제일 무섭다는 암은 제 잘났다고 생각하는 사람들의 교만한 마음을 깨어 부수고 겸손한 마음을 만들어 줍니다. 그래서 부처님 말씀인 「보왕삼매론경(寶王三昧論經)」에서는 모든 병은 사람을 만드는 좋은 양약이라고 하셨습니다.

그러므로 우리가 쓰고 있는 이 마음이 제일 무섭습니다. 마음보다 더 무서운 것은 없습니다. 그러므로 마음으로 만들어진 모든 종교는 다 무섭습니다. 마음은 잘만 쓰게 되면 천하를 평화롭게 하는 성인도 됩니다. 하지만 잘못 쓰게 되면 세계대전의 주범들처럼 온 세상을 패망시킵니다.

우랄알타이어족은 예부터 지금까지 제 살과 같은 제 형제간에 죽기 살기로 싸움을 하고 있지 않습니까. 이 모양을 멀리서 본 힘 있는 나라들이 달려와서 지금도 싸움을 말리고 있습니다. 그래도 우랄알타이어족은 일본 아누이 족같이 남의 땅을 훔치는 악랄한 근성은 없습니다. 저들의 말로는 반드시 천벌을 받습니다.

우리 민족은 남의 나라 땅은 한 치도 먹은 일이 없습니다. 그러므로 이 땅의 미래에는 미륵 세존이 바로 거제도(巨濟島)에서 출현하실 것입니다. 56억 7천만 년 후에 말입니다. 모두들 기뻐하세요.

어린이 여러분, 이제 무엇이 제일 무서운가를 아셨습니까? 바로 마음입니다.

안녕.

왜 일 년은
365일이 되는 건가요?

할아버지가
알려주는
100문 100답
061

여덟 살 먹은 초등학생의 질문입니다.

어린이 여러분, 『삼국유사(三國遺事)』에 보면 단군 할아버지가 세웠다는 우리 단군 조선의 기원은 4346년입니다. 놀라운 기록은 저 먼 그 옛날에 우리 조상님들은 일 년을 삼백육십여 사(360餘事)라 했습니다. 세계 어느 나라의 개국 설화에도 일 년을 360일이 좀 넘는다고 본 나라는 없습니다. 유독 우리 조상님들의 지혜만이 일 년은 360일이 좀 넘는다고 이미 그 옛날에 예측을 하셨습니다.

그러면 어째서 일 년을 360일이 좀 넘다고 보았을까요?

동그라미로 된, 둥근 원의 각도를 보통 360도라 말합니다. 그런데 지구가 태양의 주위를 한 바퀴 도는 궤도는 완전히 동그란 둥근 원이 아니고 길쭉한 타원형입니다. 이 타원형은 둥근 360도의 원보다도 지름이 좀 더 길고 멉니다. 그렇기 때문에 지구가 태양의 궤도를 도는 데는 시간이 약 5일 정도 좀 더 걸립니다. 그래서 일 년을 365일이라 했습니다. 하지만 365일도 정확한 일수는 될 수가 없습니다. 그래서 일 년 중 2월은 날짜가 하루 더 적어지기도 합니다.

그래서 정확도를 생명으로 삼고 있는 수학에서도 영원히 같을 수가 없고 또한 같을 수가 없는 그 이치를 풀 수가 없는 수를 3.14라 합니다. 오늘날 물리학자들이 쓰고 있는 고등 수학에서도 1파이(π)를 불가사의 수치(3.14)로 애용하고 있습니다.

할아버지는 이 불가사의한 1파이(3.14)를 한문 글자 원(元) 자로 봅니다. 그것은 분명 일 년의 첫날은 365일이라 하지만 정확한 일수가 아니기 때문입니다.

그래서 매년 신년이 되면 친지들 간에 주고받는 연하장에 원단(元旦)이라 씁니다. 원단의 뜻은 새해의 첫날이란 의미입니다. 하지만 우리 동양인의 지혜는 일 년은 3.14로 계산을 할 수밖에 없다는 의미를 원(元) 자의 단어 속에다가 함축시켜서 애용해 왔습니다. 다시 말하면 원(元) 자는 곧 1파이라는 수를 암시한 기록문이 되고 있기 때문입니다. 단군(檀君)이란 뜻도 너희들은 단결하라는 조선족의 교훈이지만 오늘날 인간들은 무슨 역사에 관심이나 있나요.

안녕.

시간은
정말로 존재하고 끝은 있나요?

열세 살 먹은 초등학생의 질문입니다.

일체 중생들에게는 시간이 분명히 있습니다. 그래서 어제가 있고 오늘이 있으며 내일이 있습니다. 하지만 깨달음을 얻은 성인들에게는 우리가 보는 우주와 시간이 존재하지 않습니다.

왜냐하면 깨달음을 얻은 성인들은 우리들이 쓰고 있는 마음이 깨끗이 사라져 버렸습니다. 그래서 마음으로 만들어진 저 허공계와 허공계가 돌아감으로 생긴 시간은 어디에도 있을 수가 없기 때문입니다.

지금도 산중 절에서 수도를 잘 하시는 스님들의 정신세계를 예로 들어서 이해를 돕겠습니다.

마음을 소멸시키는 참선 수행의 높은 단계에 들어가면, 먼저 내가 머물고 있는 공간과 흐르는 시간이 무념 속에서 살아지는 평온이 생깁니다. 계행을 청정하게 잘 지킨 스님에게만 선정이 일어납니다. 처음에 참선을 하겠다고 무심히 앉아 있다 보면, 마치 구름 낀 하늘이 맑아지듯 상쾌한 식심이 명료해지는 선정(禪定)에 듭니다.

처음에는 누구나 참선을 하겠다고 앉아 있어 보면 몸은 권태롭고 마음은 산만해집니다. 이러한 심신의 피로와 산만한 정신을 무던히 지켜보고 있노라면 홀연히 심란한 번뇌 망상이 제 바람에 지쳐서 무심의 늪으로 침몰이 됩니다.

우리들의 식심이 고요의 늪으로 침몰되고 나면 누구나 평소에 느끼던 시간의 권태로움은 온 데 간 데없어집니다. 이렇게 깨닫고 아는 식심이 시간이 흐름 속에서 잠깐이라도 벗어나면 자연히 현재 시간 속에 머물고 있는 이 몸도 몹시 가볍고 편안해집니다.

이것은 우주 만물의 조물주 시간과 공간이 주는 신비로운 팁입니다. 이 팁은 시간과 공간이 창조의 신비로 둔갑하는 과정에서 발생한 우주 중력장이 던져 주는 시공(時空) 초월의 보너스입니다.

영국의 우주 물리학자 스티븐 호킹 박사가 알아맞힌 우주 만물의 창조주는 시공이 융합되는 과정에서 생기는 우주 중력장입니다. 그러므로 세상을 초월한 스님네가 홀연히 선정에 들 때에는 반드시 우주 중력장으로부터 보너스를 받습니다. 그 보너스가 공간과 시간을 초월하는 심신 해탈의 선정입니다.

시간과 공간이 없는 스님네의 깊은 선정 속에서는 내가 누구라는 마음도 없기 때문에 시간은 존재할 수가 없습니다.

이렇게 묘한 선정에서는 시간이 있고 시간이 없고, 시간이 있는 것도 시간이 없는 것도 아닌 미묘한 식정에 머무는 묘한 선정의 경계가 있습니다.

또 우리와 같이 마음을 가지고 사는 일반 중생에게는 시간은 끝이 없습니다. 하지만 깨달음을 성취하신 각자들에게는 마음이 만든 저 우주와 그 우주가 돌아가면서 생긴 시간이란 존재하지 않습니다.

어린이 여러분의 생각이 있는 한 시간은 영원하여 끝이 없습니다. 하지만 지금 이 마음이 없어지는 순간, 마음으로 만들어진 허공도 시간도 없어집니다. 그래서 꼭 깨달음은 얻지 못해도 여러분이 무의식 속으로 들어가는 잠이 깊이 들면 시간 가는 줄을 전혀 모릅니다. 그러다 잠이 깨면 시간 속에서 발버둥을 칩니다.

어린이 여러분, 내가 없어지면 시간도 없어집니다. 그러므로 무아로 돌아가는 명상을 부지런히 하세요.

이 세상에서 제일 어려운 문답은 어린이와 주고받는 대화입니다. 어린이 여러분들은 지금 이 할아버지가 이야기하고 있는 가장 어려운 이야기를 잘 기억해 두세요. 그리고 훗날 여러분들이 청장년이 되었을 때 지금 이 할아버지의 이야기를 참고해서 꼭 참선을 해보세요. 그러면 반드시 시간이 있고, 시간이 없고, 시간이 있지도 시간이 없지도 아니한 오묘하고 심오한 선정의 기쁨을 맛볼 것입니다.

안녕.

나는 다른 사람이
될 수 없나요?

할아버지가
알려주는
100문 100답
063

일곱 살 먹은 어린아이의 질문입니다.

누구나 지금의 나의 모습과 다른 사람이 될 수가 있습니다. 하지만 반드시 훌륭한 성자의 모습으로 달라져야 합니다. 만약에 나쁜 정치가의 무리와 같은 악마의 모습으로 달라지면 어쩌시렵니까? 그래서 본래 나와 다른 사람이 된다는 것은 바람직한 희망이 못됩니다.

참으로 바람직한 변신이 있습니다. 자신의 신분과는 무관한 변신의 좋은 사례가 있습니다. 인도의 성자들 중에는 천한 계급에 예속되어 있던 이발사 우바리와 베 짜는 베틀공 카비르가 그 대표적인 변신의 인물입니다. 이 두 분은 어느 날 갑자기 깨달음을 얻어 성자가 되신 분들입니다.

석존의 제자 우바리는 얼마나 머리가 아둔했든지 네 글자로 된 사구게(四句偈) 하나 외우는 것도 불가능한 분이었습니다. 어찌나 기억력이 없었든지, 앞 글귀를 외우면 뒤의 문구를 잊어먹고, 또 뒤에 말을 외우면 금방 앞 구절을 다 잊었습니다. 우바리는 이 모양으로 도무지 경구 한 구절도 외울 염력이 없었습니다.

이를 보신 세존께서는 우바리에게 들어가고 나오는 숨을 코끝으로 느끼는 수식관을 시켰다고 합니다. 그렇게 들고 나오는 숨을 마음의 눈으로 느끼는 수식관을 하다가 홀연히 깨달음을 얻어서 아라한이 되셨습니다.

또 저 인도의 시성(詩聖) 카비르입니다. 카비르는 정처 없이 떠돌아다니는 여인에게서 태어났습니다. 여인은 산기를 느끼자 길바닥에다가 아기를 낳아 놓고는 어디론가 가버렸답니다. 때마침 길을 지나던 베 짜는 베틀공이 그 핏덩이를 주워다 키웠습니다. 그러므로 카비르는 전혀 글자를 배우지 못했다고 합니다. 그냥 모직공의 아들로 열심히 베만 짜고 살아온 카비르가 어느 날 아침 일찍 물통을 짊어지고 강가로 가다가 풀뿌리에 발이 걸려서 넘어지려고 하는 순간, 홀연히 태양의 십조 배나 밝은 각성의 세계가 활짝 열렸다고 합니다.

카비르는 그날로부터 깨달음으로 가는 길과 깨달음의 세계를 노래로 불렀습니다. 그의 입에서 흘러나온 구전의 숱한 시어를 훗날 시성 타고르가 모아서 집대성한 시집이 곧 저 유명한 카비르의 시집입니다.

타고르는 노벨문학상을 받은 시성(詩聖)입니다. 타고르는 성자 카비르의 시를 이렇게 높이 평가를 했습니다.

"카비르의 시가 바다라면 나의 시는 저 바다의 물 한 방울에도 미치지 못한다."

할아버지도 카비르 시가 너무나 좋아서 강의를 한 녹취록이 있습니다.

어린이 여러분, 절대로 제 맘을 버리고 제 정신을 버리고 남의 종교나 남의 사상에 빠지는 그런 나 아닌 다른 사람이 되어서는 안 됩니다. 오직 지금 나의 마음이 사라지고 난 다음에 일어나는 깨달음의 법신이 아니면 절대로 안 됩니다.

　안녕.

아라한 : 불교 수행자 가운데서 가장 높은 경지에 오른 이. 온갖 번뇌를 끊고 불법의 이치를 바로 깨달아 세상 사람들의 존경을 받을 만한 공덕을 갖춘 성자를 이른다.

나는
누구의 것이죠?

일곱 살 먹은 어린아이의 질문입니다.

장자(莊子)는 많은 성인들 중에서도 오묘한 진리를 우화로 설명을 잘
하시는 유명한 중국의 성자입니다.

동구 밖에 서 있는 아주 못생긴 느티나무가 어느 날 장자에게,

"나는 누구의 것이죠?" 하고 물었습니다. 장자가 말씀하시기를,

"너는 쭉 곧지를 못하니 늙은이들이 짚고 다닐 지팡이 감으로도 못
쓰겠으니 늙은 노인네 것도 아니고, 너는 워낙 굽고 뒤틀려서 재목으로
도 못 쓰겠으니 집 지을 사람의 것도 아니고, 워낙 뒤틀려서 평상 감으
로도 못 쓰겠으니 앉아 쉴 사람들 것도 아니고, 또 돌덩이처럼 굳어서
쪼개어 화목으로도 못 쓰겠으니 늙은이의 따뜻한 온돌방용도 아니다.
또 볼품이 너무 없으니 남들이 볼 관상용도 아니다. 그러므로 너는 누구
의 것도 될 수가 없고 누가 베어갈 리가 없으니 반드시 너는 천수를 누
리며 너답게 살리라." 하셨다고 합니다.

장자의 말씀과 같이 누구의 것도 될 수가 없는 쓸모가 없는 느티나무
같은 사람은 오래오래 살고, 쓸모가 있는 사람은 일찍이 다 죽었습니다.

어린이 여러분, 쓸모가 없는 큰 나무가 되어 만인을 쉬어 가게 하는 동구 밖에 서 있는 시원한 정원수가 되세요.

안녕.

죽는다는 게
무엇이죠?

할아버지가
알려주는
100문 100답

065

일곱 살 먹은 어린아이의 질문입니다.

들쑥날쑥하던 숨이 멈추면 죽었다고 하지요. 숨이 멎게 되는 순간에는 누구나 자기가 일생 동안 살아오면서 잘하고 잘못한 모든 일들이 찰나에 환하게 다 지나갑니다. 오래 살았든 짧게 살았든 자신이 살아오면서 몸으로 겪은 모든 일들이 흡사 몰래카메라가 자신을 모두 촬영해 두었다가 죽는 찰나에 영사기 필름을 뒤로 회전시키듯 살아온 시간들이 뒤로 역회전을 합니다.

이것이 누구나 임종 시에 일어나는 본래대로 돌아가는 불가사의입니다. 동시에 숨은 밖으로만 내쉬게 됩니다. 흑흑 하고 숨이 밖으로 다 나왔을 때 비로소 딸깍 하는 소리와 동시에 숨이 떨어집니다. 내 한 몸이 이 세상에 나와서 입으로 들이마셨던 모든 공기마저도 한 모금도 없을 때 우리는 비로소 죽었다고 합니다.

세상 사람들이여, 무엇을 가지려고 애 터지게 살지 마세요. 죽을 때는 한 줌의 공기마저도 다 내어놓고 가야만 합니다. 그래서 빈손으로 왔다가 빈손으로 간다는 뜻으로 만들어진 공수래공수거(空手來空手去)란 진리의 문자가 있습니다. 하지만 빈손으로 왔다가 빈손으로만 갈 수 있다면 얼마나 좋을까요. 어림없는 헛소리입니다.

뉘라 없이 태산 같은 죄를 지어 왔다가 우주만큼 죄를 짓고 구처 없이 죽어 갑니다. 더 이상 내쉬어야 할 숨이 한 줌도 없을 때, 몸은 싸늘하게 서서히 얼음장처럼 굳어 갑니다. 굳어 버리면 모두 죽었다고 확신을 하고는 온 가족이 통곡을 합니다.

싸늘하게 굳었던 그 시신이 시간이 지나면서 경직이 서서히 부드럽게 풀립니다. 경직이 풀어지면서 전신에 아홉 개의 큰 구멍에서는 고약한 분비물이 찔찔 새어 나오기 시작합니다.

이렇게 숨이 끊어진 시간으로부터 여덟 시간 이상만 경과하게 되면, 그때부터 팔만 사천 모공으로부터 지독한 악취가 나면서 시체가 썩기 시작합니다.

보세요, 죽는다는 게 무엇인가를. 누구나 할 것 없이 다 이 모양으로 소멸됩니다. 불과 하루만 경과하고 나면 전신의 피부는 삶은 호박처럼 문드러지면서 피부와 백골이 상접해집니다. 이때부터 수천 종의 버러지가 육신의 기관이나 모공을 통해서 기어 나옵니다.

어린이 여러분, 하지만 이 세상에서 남 몰래 좋은 일도 많이 하고, 짬나는 대로 성서의 기도문을 외웠거나 염불이라도 많이 한 이들 가운데는 숨이 떨어져 삼사 일이 지나도 산 사람처럼 시체가 멀쩡한 분도 보기 드물게 있습니다.

하지만 죄를 많이 지은 사람은 죽기가 무섭게 시체가 썩어 들기 때문에 고약한 악취가 심하게 납니다. 반면에 성서나 경문을 많이 읽고 참신하게 신앙생활을 잘하신 분들은 자신이 죽을 때가 되면 죽는 날짜까지 정확하게 알고 가족들에게 남길 당부까지 다 하십니다.

지금 이 글을 쓰고 있는 저의 아버님께서도 나는 설 전에 간다고 하시고는 설 전날 바로 그 날짜에 숨을 거두셨습니다.

자신의 마음을 닦는 정도를 믿으면서 남 몰래 좋은 일도 많이 하고, 홀로 있을 때에는 늘 명상이나 참선 수행을 많이 하신 분들은 목숨을 마칠 시간에는 몸도 깨끗이 씻고 옷도 새 옷으로 깨끗이 갈아입고는 그대로 앉아서 입적을 합니다.

착하게 사신 분들은 숨을 거둔 후의 육신도 꼭 살아 계실 때의 모습 그대로입니다. 얼굴에는 살아 있는 사람같이 맑은 기운이 돌고 온 집안에는 신선한 향기가 그윽하기도 합니다. 이런 분들은 임종 시에 상서로운 빛을 타고 서방정토 극락이나 천상의 화락천궁으로 직행합니다.

반대로 부모나 스승에게 악독한 폐륜을 저지른 몹쓸 인간들은 목숨이 떨어지기가 무섭게 저승의 블랙홀이 그 죄인을 둘둘 말아 가지고는 시방 무간 아비지옥으로 직행을 합니다.

또한 세상의 권좌에 눈이 멀어서 온 세상을 공포에 떨게 한 정치꾼들이나, 손끝 하나 까닥하지 않고 숱한 재물을 지나치게 착취한 도적들은 임종하려 할 때에 무시무시하게 생긴 나찰귀들이 죽을 자의 곁에 이미 와 있기 때문에 온 집안의 분위기는 무시무시하게 살벌해집니다.

모두들 제 잘난 체하지 마시고 지금부터라도 불교나 천주교에서 행하는 요식대로 참회 기도를 열심히 하세요. 아무쪼록 죽어서라도 저 무시무시한 지옥세계는 면해야 합니다.

이 몸 한 번 잃고 나면 다시 이 몸 받기가 하늘의 별 따기보다도 더 어렵다고 합니다. 살아생전에 남에게 못할 짓을 골라 가면서 행한 악독한 사람은 죽은 시체를 보아도 금방 알 수가 있습니다. 죽은 자의 시신을 살펴보면 흡사 누구에게 얻어맞은 것처럼 전신에 시퍼런 멍이 구렁이를 감아 놓은 듯도 합니다. 이를 사반증(死斑症)이라고도 합니다. 이런 사반증을 가진 악업 중생은 남에게 깊은 원한을 많이 산 사람입니다. 남에게 원망과 저주를 많이 받은 사람은 목숨이 떨어지기가 무섭게 삼악도로 직행합니다.

증인 없는 천당과 지옥

깨달음을 얻은 인도의 성자가 세속에 살고 있는 똑똑한 친구와 천당과 지옥이 있느냐 없느냐 하는 대화의 얘기입니다.

깨달음을 얻은 분들은 무변 허공계 밖에서 우주를 봅니다. 우주를 마치 조그마한 과일을 보듯 합니다. 그래서 천당과 지옥을 보는 것이 흡사 우리가 저 하늘과 땅을 보듯 합니다.

하지만 우리들의 눈은 하늘과 땅은 보는데, 그 가운데 존재하고 있는 영혼들은 전혀 보지를 못합니다. 하늘의 눈이라 하는 천안이 없기 때문입니다.

천안이 열린 분들은 천당과 지옥을 우리가 세상을 보듯 합니다. 맹인과 같은 우리들에게 천당과 지옥을 이야기하는 말들은 흡사 맹인에게 태양과 그 빛을 얘기하는 꼴과 흡사합니다.

깨달은 도인들은 천안과 신족통이 있으므로 천당과 지옥을 보고 마음대로 여행도 다닙니다.

성자의 친구가 물었습니다.

"정말로 저 높은 하늘에 천당이 있다고 믿는가?"

성자가 되묻습니다.

"자네, 저 해와 달은 이 세계의 것인가? 저 하늘나라의 것인가?"

"물론 저 세계의 것이지."

성자의 친구는 또 이런 애기를 했습니다.

"자네도 잘 알지만 호시카라는 친구는 살아생전에 얼마나 좋은 일을 많이 했나? 그래서 내가 그가 죽을 때에 찾아가서 부탁을 했네. 정말로 천당이 있다면 나에게 잠깐 와서 정말로 천당이 있다고 귀띔만 좀 해달라고. 그런데 그가 죽은 지가 벌써 수십 년이 지났지만 지금껏 꿈속에서라도 그를 만나보지 못했네. 이러한 사실을 미루어 생각해 본다면 자네가 말하는 천당이 있다는 말도 다 허망한 얘기가 아닌가?"

성자는 그 친구에게 이렇게 말했습니다.

"어리석은 친구야. 저 천당의 하루는 우리가 사는 지상의 세월로 보면 1,200년이라네. 그 친구가 자네에게 와서 천당이 실제로 있다고 그 소식을 아무리 빨리 와서 전해 준다고 해도 천상의 날짜로 하루는 더 걸릴 것이 아니겠는가. 그러니 자네는 좀 더 기다려 보시게."

의심 많은 성자의 친구는 천당의 정반대가 되는 질문을 또 했습니다.

"자네도 잘 아는 우리 친구 중에 천하에 몹쓸 악종 악바리가 죽을 때에 내가 찾아가서 부탁을 했다네. 이 사람아, 세상에서 나쁜 일을 많이 하면 반드시 지옥을 간다고 하지를 않든가. 그런데 만약 자네가 지옥을 혹 가거들랑 나에게 잠깐 와서 실제로 지옥이 있다고만 기별을 좀 해주게 하고 부탁을 한 지도 벌써 수십 년이 지났지만 그 친구가 내 꿈에라도 찾아와서 나에게 지옥이 있더라는 소식이 지금껏 없음을 미루어 보아 자네들이 말하는 지옥도 다 허망한 말장난이 분명하지를 않은가?"

친구의 말을 다 들은 성자는 하하하 크게 웃으면서 말하였습니다.

"이 사람아, 세상의 국법에 걸려서 교도소를 간 죄인도 철창의 옥문 앞에 갇혀서 바깥출입은 절대로 할 수가 없는데, 업보 중생들이 땅속의 불길 속에 들어가서 어떻게 탈출을 해 가지고 지상에 다시 나와서 자네와의 약속을 지킬 수가 있다고 생각을 하시는가. 아! 참으로 어리석도다. 친구여!"

이제 죽음이 무엇이며 천당과 지옥을 우리는 왜 모르는가를 잘 아셨습니까? 부디 착하게 사세요.

안녕.

영원히
살 수는 없나요?

일곱 살 먹은 어린아이의 질문입니다.

영원히 죽지 않고 살 수가 있습니다. 그런데 문제는 온 세상 사람들이 다 가지고 있는 욕심 많은 지금 이 마음이 소멸되었을 때에만 가능하다는 것입니다.

지금 우리들이 쓰고 있는 이 마음은 금방 일어났다 금방 없어졌다 한다고 해서 생멸심(生滅心)이라 합니다. 금방 일어났다가 금방 소멸이 되는 식심(識心)을 생멸심이라 합니다. 그래서 영원히 죽지 않고 오래오래 살고 싶으면 반드시 지금 이 마음인 생멸심이 사라져야만 됩니다.

지금 우리들이 쓰고 있는 생멸심의 밑바탕에는 본래부터 나지도 않고 죽지도 않는 깨달음이 있습니다. 이 깨달음으로 돌아가기만 하면 영원히 나고 죽는 일이 없는 항상 행복으로 가득한 열반 세상이 됩니다.

석존이 말씀하신 생사 초월의 열반은 사랑과 평화와 자유와 행복이 충만하고 지극한 고요의 극락을 말합니다.

일체중생이 나고 죽는 목숨의 근본은 우리들이 늘 쓰고 있는 식심(識心)에 있습니다. 그래서 사람이 살았는지 죽었는지를 확인할 때에도 반

205

드시 그 사람에게 지금 의식이 있는지 없는지를 확인해 봅니다.

이렇게 찰나에 일어났다 사라졌다 하는 생멸심(生滅心)을 목숨이라 하고 수명이라고도 말합니다. 목숨은 의식과 무의식이 두루 섞여서 분별이 안 되는 혼돈 상태로 되어 있습니다. 이를 명탁(命濁)이라 합니다.

그래서 영원히 죽지 않고 영생을 누리자면 식심이란 마음이 소멸되어야만 합니다. 식심이라 하는 지금 이 마음이 소멸되고 나면 자연히 영원히 죽으려야 죽을 수 없는 고요한 열반 세계로 돌아갑니다.

지금도 산중 절에서 참선 수행을 하시는 스님들, 그리고 천주교의 수사님들은 불철주야로 마음을 닦아내는 지적 의식 행위인 명상 수행을 하고 계십니다. 그래서 모든 구도자와 수사님들은 오늘도 은밀한 수도원에서 생멸하는 마음을 지혜의 불꽃(覺性)으로 태워 버리고 있습니다.

누구나 저 산사의 스님과 수사님들이 지혜의 불꽃으로 쓸데없는 생각을 태워 버리듯 명상 수련을 해야 합니다. 어린이 여러분도 몸과 마음을 꼼짝도 못하게 꼭 묶어 놓고 조용히 앉아서 몸과 마음을 가만히 바라보기만 하세요. 휴대폰을 가지고 손가락 장난을 그만하고 말입니다.

오늘날의 사람들은 남녀노소 없이 너무 설칩니다. 모두 미쳐 있습니다. 지금처럼 인류가 요지 발광을 떠는 세상은 오래 가지를 못합니다. 반드시 비참하게 다 죽는 재앙이 올 것입니다. 좀 있으면 다들 굶어서 죽는 기근겁(饑饉劫)이 먼저 와요. 그것도 생각을 못한 정치가들은 문전옥답에다가 고층건물을 짓도록 하고 있어요. 각설하렵니다.

할아버지가 몸과 마음을 주시하라는 말의 본뜻은 누구나 자신의 몸과 마음을 은밀히 느껴 보라는 말입니다. 그 느낌을 촘촘히 의식하란 말입니다. 자신의 심신을 은밀하게 느끼다 보면 어느 순간에 칠흑 같던 어두운 마음이 꿈같이 확 깨어지면서 밝은 대 광명장이 환하게 드러납니다.

어린이가 물었습니다. 죽지 않을 수가 있느냐고요?

죽지를 않는 묘약을 찾은 옛날 얘기 한 토막을 들려 드리겠습니다.

옛날 중국에 진시황은 죽지 않으려고 무던히도 애를 썼습니다. 지금 중국의 만리장성도 그의 업적입니다. 그 진시황이 우리나라 조선에 늙지도 않고 죽지도 않는 영생불멸의 불로초(不老草)가 있다는 소문을 들었다고 합니다. 그래서 가까운 신하들에게 명을 내렸습니다. 그 불로초란 영약을 꼭 구해서 오라고 했습니다.

진시황의 명을 받은 신하가 기인 달사들을 데리고 우리나라 명산이란 명산은 다 뒤지고 다녔습니다. 마침내 우리나라 끝 동네 제주도에까지 왔다고 합니다.

황제의 신하들도 불로장생의 영약이 물질로는 있을 수가 없다는 사실을 너무 잘 알고 있었습니다. 그래도 진시황의 어명을 받은 충신들은 바다 건너 제주도에서 무엇인가를 깨달았습니다. 분명 무슨 약초가 아닌 영통의 묘약일 것이라는 진실을 깨달았습니다.

바로 그 신비의 영통 묘약은 다름이 아니라 중생을 도(道)로써 구제한다는 제주도(濟州道)란 이름에서 물질이 아닌 영혼의 약이라는 영감을 얻었습니다.

그리고 저 높이 솟은 한나산(漢拏山)이란 산 이름 석 자에서 영생의 묘약이 무엇이라는 것을 확실히 깨달았습니다.

한나산(漢拏山)이란?

생사 초월의 첫 관문은 나한과(羅漢果)입니다. 죽고 사는 생사를 초월한 나한들을 한 손에 잡은 분은 바로 석가 세존이십니다. 세존이 실제로 오백 나한을 잡은 땅은 인도의 녹야원(鹿野園)이었습니다. 그 석존의 화신이 동방에서 오백 나한을 잡은 곳은 바로 한나산 백록담(漢拏山 白鹿潭)이 되고 있습니다.

하얀 백록은 생사를 초월한 아라한을 의미합니다. 깊은 물 담(潭)은 열반을 의미합니다.

아! 보라. 극동의 영생불멸의 영약은 제주도 한나산 백록담이란 지명 속에 숨어 있었습니다. 저 고대 진시황의 측신들은 제주도 한나산 백록담의 깊은 뜻을 깨닫고는 너무나 감격한 나머지 황급히 진시황에게 보고를 하려고 고국으로 말을 달렸습니다. 하지만 진시황은 이미 죽었습니다. 진시황은 진실로 생사 초월의 영묘한 명약이 바로 제주도 한나산 백록담이 들려주는 깨달음으로 가는 불생불멸의 영묘한 법문을 듣지도 못하고 죽고 말았습니다.

아! 보라. 조선족이여. 이 땅에는 도로써 중생을 제도한다는 제주도(濟州道)가 있습니다. 그리고 거기에는 영원히 죽으려야 죽을 수가 없는 영생의 묘약인 아라한을 한 손에 다 잡고 있는 한나산(漢拏山)이 있습니다. 한라산 정상에는 열반의 법수 백록담(白鹿潭)이 있습니다. 그리고 서쪽 영실에는 오백 나한이 머물고 있는 적멸의 도량이 있습니다. 그리고 서쪽 저 아래 바다를 보세요. 거기 서귀포 포구에는 안락국 서방정토로 안내를 하는 반야용선들이 지금도 우리를 손짓하고 있습니다.

오! 오라. 어서들 오라고, 안락국으로 가자고 부르는 해조음이 들리고 있습니다.

그런데 우리는 지금 무슨 생각들을 하고 있습니까? 제주도 한나산 백록담이라 이름한 도명과 고산에 담수가 지니고 있는 그 깊고도 오묘한 그 형설의 뜻을 한 번이라도 생각해 보셨나요?

어린이 여러분, 여러분은 할아버지의 얘기가 너무 어렵다고 생각이 될 것입니다. 그래도 많이 읽어 두세요. 여러분들이 커서 어른이 되고 보면 지금 이 할아버지가 한 이 모든 얘기들이 바로 이거다 싶어서 감격한 나머지 무릎이 깨져라 칠 것입니다. 할아버지의 많은 이야기 속에는 다이아몬드처럼 다양하게 빛나는 진리의 오묘한 뜻이 조건 없는 행복의 고향으로 여러분들을 안내할 것입니다.

지금까지 한 이야기의 내용을 간략하게 더 말씀드리겠습니다.

옛날 중국의 진시황이 안 죽으려고 찾던 불로초가 무슨 별스런 약초가 아니고 제주도 한나산 백록담이라고 하는 도명과 산명과 호수의 이름 속에 그 영생의 영약이 있다는 얘기입니다. 모든 진리는 자신의 마음을 깨닫게 해주는 이정표입니다. 그 이정표가 안내하는 진리는 모두 정신 수행에 있음을 밝힌 내용입니다.

그러므로 누구나 자신의 몸과 마음을 고요히 하는 정신 수양을 해야 합니다. 그런 정신 수양을 하는 도(道) 닦는 자리가 곧 제주도(濟州道)란 이름이 되고, 영적으로 초월의식이 일어나는 깨달음은 한나산(漢拏山)이란 산 이름이 됩니다. 그리고 죽고 사는 생사가 소멸되고 나면 고요한 호수 같은 적멸의 열반상이 드러납니다. 그 의미를 은유한 이름이 백록담(白鹿潭)이 되고 있습니다.

이렇게 제주도 한나산 백록담이라고 하는 도명과 지명의 이름들 속에 생사를 벗어나는 오묘한 이치가 있음을 밝혔습니다. 이렇게 제주도 한나산 백록담은 깨달음으로 가는 길을 은유한 이름입니다. 그러므로 제주도는 명실 공히 세계 정신문화 유산에 다시없는 보고가 되고 있습니다.

어린이 여러분, 할아버지의 얘기를 단박에 다 이해하려고 들지 마세요. 씨앗을 뿌리고 나서는 그 꽃이 피는 제철을 무던히 기다려야 해요. 마찬가지로 여러분도 할아버지의 얘기가 활짝 핀 꽃처럼 가슴에 확 와서 닿자면 많은 시간이 걸려요. 그러므로 기다려 보세요. 기다릴 줄 아는 인내가 곧 지혜의 완성입니다.

안녕.

사람은
정말 원숭이였나요?

일곱 살 먹은 어린아이의 질문입니다.

사람은 저 높은 범천이라고 하는 하늘에서 내려왔습니다. 천상에서 내려왔다는 기록이 『세기경(世紀經)』에 있습니다. 지금 우리의 몸은 하늘나라 사람을 많이 닮고 있습니다. 그래서 성서에 보면 하나님을 닮은 사람을 만들었다고 묘하게 증명해 두셨습니다. 다만 하늘나라 사람들은 저마다 자신들의 몸에서 빛이 납니다. 물론 색계 선천이라고 하는 하늘나라는 워낙 광명으로 찬란하기 때문에 일체가 빛을 냅니다.

영국의 다윈이란 인류학자는 원숭이가 발전해서 사람이 되었다는 유인원설을 주장했습니다. 하지만 이 같은 주장은 어디까지나 서서 다닐 수가 없는 동물 유전자 진화론일 뿐입니다.

그래서 우리는 사람을 산스크리트어로 '쟈이람'이라 합니다. '쟈이람'이란 '그대는 신(神)이다'라는 뜻이 됩니다.

사람을 많이 닮은 원숭이가 사람으로 진화를 했다는 원인 진화설(猿人進化說)은 일반 동물의 진화설이 되고 있을 뿐입니다. 분명 사람은 일반 동물과는 머릿속의 구조가 영 다릅니다. 그래서 사람은 하늘 사람이 퇴화가 된 천인 퇴화설(天人退化說)이 정설입니다. 그 증거로는 많은 동물 중에서도 사람만이 수직으로 설 수가 있고 또 서서 걸어 다닐 수가 있습니다. 또 짐승에게는 있을 수도 없는 시간을 압니다. 시간을 안다는 말은 지난 과거를 알고, 지금 현재를 알고, 앞으로 다가올 미래를 안다는 것입니다.

또한 동물들은 상상을 할 수 없는 자기 자신을 돌이켜 보는 반조회관의 지혜가 있습니다. 아울러 의사표시를 마음대로 할 수 있는 다양한 언어를 가지고 있습니다. 특히 지금 현재 배우고 있는 고등 수학을 동물의 머리로 이해한다는 것은 참으로 언감생심입니다.

보세요. 사람은 온갖 동물의 흉내를 다 낼 수가 있습니다. 그러나 짐승이 어떻게 사람의 흉내를 다 낼 수가 있겠습니까? 인과응보로 본다면 짐승이 사람으로 태어나자면 전생의 빚을 모두 갚고도 착한 공덕이 있어야만 인간의 몸을 받을 수가 있다고 합니다. 이는 결국 짐승의 몸이 변화를 해서 사람이 될 수가 있다는 학설이 아닙니다.

설사 인과응보에 의하여 짐승이 사람의 몸을 받았다손 치더라도 보통 사람들이 가지고 있는 지적 능력과 복덕성의 차이 때문에 주로 세상에서 막노동을 하거나 남의 하인 노릇을 주로 하게 된다고 합니다.

어린이 여러분, 여러분은 하늘에서 내려온 하늘의 아들딸들입니다. 그러므로 하늘나라 법동자들처럼 몸과 마음을 고요히 앉혀 놓고 정신을 맑히고 마음을 밝히는 명상 수행을 부지런히 하세요. 제발 오늘날 남녀 노소간에 몸통을 가지고 지나치게 발광을 하는, 쑥스럽고 야비한 그런 춤들은 절대로 배우면 안 돼요. 부디 몸을 꼼짝도 못하게 고정시켜 놓고는 들숨 날숨을 고요히 지켜보는 연습을 많이 하세요. 그래야만 다

212

음 생에 짐승이나 지옥으로 떨어지지를 않아요.

어느 날 산중에서 도를 통한 도사 한 분이 짐승들은 왜 말을 못할까? 하도 궁금하던 차에 자신의 도력을 기지고 짐승들이 왜 말을 못하는가를 한 번 실험해 보기로 했습니다.

그래서 먼저, 들에서 일을 마치고 쉬고 있는 큰 황소 곁으로 다가갔습니다. 잠깐 자신의 몸을 외양간 옆에 벗어 놓고 소의 머릿속으로 자신의 영혼이 들어갔습니다. 소의 머리로 들어가서는 소의 언어중추 신경을 이용해서 일단 말을 해보기로 했습니다.

"나는 소다." 하고 사람의 소리를 내어 보았습니다. 그런데 뜻밖에도 소의 입에서는 "업(業) 무(務)!" 하는 게 아닙니까? 별소리를 다 내어 보았지만 소의 입에서는 별 수 없이 "어으으 무우우(나는 죽어라 하고 주어진 업무만 열심히 하고 있소)!"밖엔 별소리가 아니 되었답니다.

두 번째로 실험을 해본 짐승은 큰 장닭이었습니다. 시골에 잘생긴 장닭의 머릿속으로 들어간 도사는 정신을 집중해서 닭의 언어중추를 신통력으로 조작을 하되 "나는 장닭이다."라고 했더니 이놈의 닭 역시 "꼬끼 오 오르륵(꼭 시간을 지킬게요)!" 하지 않겠습니까? 이렇게 도사는 온갖 짐승들을 가지고 별별 실험을 다 해본 결론은 간단했습니다. 짐승은 짐승이지 짐승이 사람이 될 수가 없고, 또한 사람은 사람이지 사람이 짐승이 될 수도 없음을 알았다고 합니다.

하지만 사실은 사람의 마음은 찰나에 성인도 되고, 순간순간에 짐승도 됩니다. 그러므로 이 마음 하나를 잘 다스려야만 합니다.

안녕.

사람은 짐승과 무엇이 다른가요?

일곱 살 먹은 어린아이의 질문입니다.

사람은 삼세를 압니다. 삼세란 어제를 알고 오늘을 알고 내일을 아는 지혜를 말합니다. 짐승은 불가능합니다.

그러므로 사람은 자신의 몸을 거울에 비친 그림자처럼 깨닫고 다 압니다. 하지만 짐승은 자신의 몸에 고통이 있고 없음만을 자각합니다. 그래서 짐승은 자신을 돌이켜볼 수가 있는 반소회관의 지혜가 없습니다.

그리고 사람은 자신의 마음을 속속들이 다 압니다. 그렇기 때문에 자신의 몸과 마음이 도덕적이지 못했을 때는 몹시 괴로워합니다. 물론 짐승은 육감으로 느끼는 시각이나 후각은 별나게 발달되어 있습니다. 그래서 동물은 싫은 것은 단박에 밀어 버리고 좋은 것은 불같이 탈취해 버립니다. 그러므로 짐승들은 모이면 끝없는 다툼이 있을 뿐입니다.

사람은 자신을 돌이켜보는 반소회관의 지혜가 있기 때문에 종교적인 참회가 있고 심신(心身)을 바로 가꾸는 학문이 있습니다. 그러나 짐승은 자신을 반성하고 뉘우치는 자각성이 전혀 없습니다. 그래서 우비고뇌 (憂悲苦惱)와 희로애락(喜怒哀樂)을 표현하는 지적 표현이 거의 안 됩니다.

214

그러므로 짐승은 탐하고, 성질내고, 미련하게 어리석은 짓을 바로잡지 못합니다. 바로 이것이 사람과 짐승이 판이하게 다른 결점입니다. 하기야 사람도 고약한 사람은 오히려 짐승만도 못한 경우도 없지 않습니다.

신라 때 혜통(惠通)이란 분은 어릴 때, 추운 초봄에 들에 나갔다가 늘씬하게 잘생긴 족제비를 한 마리 잡았습니다. 그 족제비의 가죽으로 목도리를 하려고 그 가죽을 홀랑 벗기어 목에 걸고는 벌겋게 피가 흐르는 그 족제비의 몸통을 멀리 던져 버렸습니다.

별 생각 없이 집으로 돌아온 혜통은 이상하게 마음이 편치를 못해서 다시 그 족제비의 몸통을 던져 버린 갯가로 갔습니다. 버린 그 족제비의 몸통을 찾아보았습니다. 그런데 그 족제비는 자신의 가죽을 잃고도 피를 흘리면서 그 몸을 끌고 어디론가 갔습니다. 간 길을 찾아보니 어느 바위틈으로 들어갔습니다.

이상하다 싶어서 자세히 바위틈을 들여다보았습니다. 보니 태어난 지 얼마 지나지 않은 족제비 새끼 몇 마리가 죽은 어미의 젖꼭지를 빨고 있지 않겠습니까. 이를 목격한 혜통은 자신의 행위가 소름이 끼쳐서 그 길로 정신없이 산으로 깊이깊이 들어갔습니다.

그는 다른 사람이 아닌, 신라 때 저 유명한 인도와 중국을 거쳐서 불법을 동방에 전한 혜통국사(惠通國師)였습니다.

어린이 여러분, 사람이든 짐승이든 밖으로 보이는 외모가 무슨 소용이 있습니까. 눈에 보이지 않는 마음을 잘 보아야지요. 그리고 잘 써야지요.

안녕.

사투리는
왜 있어요?

할아버지가
알려주는
100문 100답
069

　일곱 살 먹은 어린아이의 질문입니다.

　'사투리'란 단어는 본래 '사토리'가 옳은 발음입니다. 특히 정신 수행을 중시하는 인도에서는 산스크리트어로 깨달음을 '사토리'라 합니다.

　우리가 쓰는 '사투리'는 '사사롭게 쓰는 말투'란 뜻입니다. 그러나 '사토리'는 허망한 망상을 털어 버리고 초월의식으로 들어간다는 의미입니다. 그래서 구도자들이 쓰는 '사토리'는 '깨달음'이란 의미로 풀고 있습니다. 그러나 우리나라는 서울 말씨가 아닌, 각 지방에서 사사롭게 쓰고 있는 속된 말투를 모두 '사투리'라 합니다.

　본래 '사토리'나 '사투리'는 깨달음을 의미하는 같은 맥락의 뜻을 가지고 있습니다. 인류가 수만 생을 살아오면서 보고 느끼고 체험해 온 영험이 가슴을 통해서 나온 언어들이기 때문입니다. 그래서 특히 사투리는 각 지방의 환경적 풍토에서 우러나온 언어들입니다. 그래서 사투리를 각 지방에서 만들어진 언어라 해서 방언이라고도 합니다. 공연히 사투리를 서울말이 아니라 해서 저속한 말투로 오해를 하면 안 됩니다.

　왜냐고요? 실례로써 불을 담는 놋쇠 그릇을 서울 사람들은 화로(火爐)

216

라 합니다. 그러나 경상도에서는 그 불 담는 그릇만을 말할 때는 '화로'라 하고 그 그릇에 불티가 있을 때에는 '화티'라고 합니다. 다시 말하면 화로(火爐)라 했을 때는 불을 담는 그릇 그 자체를 말한 이름입니다. 하지만 만약에 화로 속에 숯불 덩어리가 살아 있을 때는 '화티'라고 부릅니다.

그리고 또 제주도에서 할머니와 할아버지를 제주도 사투리 방언으로 할머니를 '하르망'이라 하고 할아버지를 '하르방'이라고 합니다. 이렇게 부르게 된 이유는 제주도 여성들은 죽을 때까지 그물망을 짊어지고 한 세상 바다에서 삽니다. 그렇게 어물을 담는 걸망을 짊어지고 산다고 해서 '하르망'이라 한답니다. 그리고 제주도 남자들은 늙어서 할아버지가 되어 가지고도 집안에 앉아서 애들만 돌본다고 해서 '하르방'이라 한답니다.

어린이 여러분, 잘 생각해 보세요. 과연 어느 지방의 말이 딱히 표준어가 될 수가 있다고 생각하십니까?

그러므로 우리나라 표준말을 서울이라는 특정 지역의 말이나 그 말소리인 음색을 가지고 표준으로 삼으면 안 됩니다.

위에서 본 바와 같이 각 지방에서 쓰고 있는 사투리와 특이한 방언들을 그대로 써야만 합니다. 저 힘 있는 서울의 귀족들이 쓰고 있는 언어나 그 음색을 모조리 표준 국어로 한다면 우리 국어 문화는 말살이 되고 맙니다. 그러므로 각 지방마다 독특하게 쓰고 있는 언어와 그 음색을 그대로 발음을 할 수가 있는 말재주를 반드시 국어 교육의 과목에 첨부해서 가르쳐야만 합니다.

세계 어느 나라를 막론하고 그 나라의 수도는 삶의 풍요는 있어도 깨어 있는 영혼의 말이나 민생의 하모니가 있는 음향은 없습니다.

어린이 여러분, 여러분들이 앞으로 우리 국어 문화를 올바르게 바로 잡아야 합니다. 그렇게 하자면 표준음(標準音)과 표준어(標準語)를 별도로 구분해서 배우고 익혀야 합니다.

표준음으로는 서울의 말소리가 음색(音色)으로 보나 율동미 있는 음향으로 볼 때는 참 아름답습니다. 그러므로 말소리로는 서울 말 발음을 그대로 표준음으로 하고, 표준어로는 전국 각 지방에서 상용되고 있는 방언들을 그대로 배워야 합니다. 지금처럼 서울 말이 아니면 모조리 저속한 방언으로 치부하면 안 됩니다. 우리 민족의 고유한 국어 정신문화를 살리자면 각 지방의 방언들을 다시 재검토해 보아야 합니다.

각 지방에서 쓰고 있는 사투리에는 국민 정서와 주술과 같은 염력이 있습니다. 그런데 그 주술 같은 염력의 지력을 잃어버리면 마치 마네킹 같은 언어가 되어 버립니다.

또 왜 하필이면 서울 말소리를 표준음(標準音)으로 하자고 주장을 하느냐 하면, 지금 경상도나 이북 함경도 사람들이 서로 주고받는 말소리를 먼 데서 들어보면 흡사 싸우는 소리 같습니다. 서로 주고받는 말소리가 너무나 시끄럽습니다. 특히 경상도와 이북의 함경도 사람들이 말하는 소리는 그 말투의 억양부터가 너무나 무뚝뚝해서 시끄럽습니다.

그래서 예부터 서울 사람들의 말소리는 누가 들어도 꽃잎처럼 곱고 부드럽다고 해서 서울 말소리를 경중미인(鏡中美人)이라 했습니다. 말하는 소리에 인정미도 찰찰 넘치고 고급한 언사의 신선미도 좋습니다. 그래서 표준음으로는 서울 사람의 말소리가 가장 아름답습니다.

218

하지만 표준어(標準語)로는 우리나라 팔도의 사투리를 그대로 살려서 쓰자고 주장합니다. 물론 국문학자들이 잘 알아서 다듬겠지요.

또 방언에 숨어 있는 뜻으로서 소중한 실례가 있습니다. 경상도의 방언 중에 욕처럼 들리는 지랄용천(知謁湧泉)이란 명사가 있습니다. 이 지랄용천이란 말에 숨어 있는 용천혈은 이미 죽은 사람을 살리는 기사회생의 혈 이름에서 비롯된 것입니다. 이 말에는 천금과 같은 철학이 있습니다. 그래서 졸지에 인사불성이 된 사람이나 특히 물에 빠져서 물을 많이 먹고 기절을 한 사람은 담뱃불로 용천혈을 지지면 벼락같이 물을 토하고 쉽게 깨어납니다. 뿐만 아니라 죽었던 사람도 깨어납니다.

그러므로 지랄용천이란 말의 뜻에는 물에 빠져서 익사한 사람을 살리는 혈이 발바닥 밑에 있으니 잘 알라는 뜻입니다. 한문 글자로 지알용천(知謁湧泉)이라 이렇게 씁니다. 우리말 뜻으로는 '뵈는(知謁) 용천혈(湧泉穴)을 꼭 알아 두어라.' 하는 의미의 말입니다. 거듭 설명을 도우면 지알(知謁)이란 말은 뵈는 곳을 알라는 의미입니다.

실제로 발바닥 밑에 있는 이 용천혈은 사람이 걷거나 뛰어다닐 때 그 사람의 뒤에서 보았을 때 너무나 잘 보입니다. 발바닥 밑에 엄지와 이지 사이 인자문(人字紋) 중심에 있는 용천혈이라서 누구나 잘 보입니다. 그래서 애들이 함부로 막 뛰어다니면 어른들은 애들을 보고 꾸지람 삼아 '지랄용천'을 한다고 했습니다.

천금과 같이 써먹을 수가 있는 구급혈이 바로 발바닥 밑에 있었기 때문에 지금도 경상도에서는 지랄용천이란 방언을 그대로 쓰고 있습니다. 물론 그 뜻은 잘 모르면서.

누구나 세상을 살다가 보면, 갑자기 졸도해서 인사불성이 될 때가 혹 있습니다. 이럴 때에는 일단 사람을 살려 놓고서 병원을 보내든 약방을 찾아가든지 해야 합니다. 왜냐하면 사람이 숨을 멈추고 약 5분 이상을 경과하게 되면 그 순간부터 뇌세포가 서서히 변질되어 갑니다. 그렇기 때문에 우선적으로 의식이 회복되는 숨통부터 터 주어야 합니다.

자, 생각해 보세요. 우리들이 쓰고 있는 고유한 사투리들 속에는 기사회생을 시킬 수 있는 천금과 같은 응급처방이 저마다 다 있다는 사실입니다.

만약에 사람의 실력을 평가할 줄 아는 서양의 구급대원들이 동양의 지혜, 기사회생의 응급실이 저마다 제 몸에 다 갖추고 있음을 깨닫고 안다면 저들은 더 많은 응급 환자들을 잘 살려낼 것입니다.

안녕.

엄마 눈 속에 왜 내가 들어 있지요?

아홉 살 먹은 어린아이의 질문입니다.

눈은 카메라의 렌즈와 똑같은 기능을 합니다. 그래서 저 우주와 세상 만물의 모든 현상들이 작은 카메라의 눈 속으로 다 들어와서는 그대로 저장되어 있습니다.

사람의 눈도 한가지입니다. 눈 속으로 밖의 사물의 빛이 들어와서는 여러분들의 생각 속에 그대로 다 기억이 됩니다. 기억된 밖의 모든 현상들은 언제고 생각이 나는 대로 기억 속을 뒤져 보면 다시 재현이 됩니다.

저 영혼이 없는 무정물인 카메라도 사람의 눈에 못지않은 신통한 기능을 가지고 있습니다. 그런데 어찌 어린이 여러분을 짬도 없이 사랑하는 부모님의 눈동자에 비견이 되겠습니까? 여러분의 어버이들은 자식들이 잠깐만 눈앞에 안 보여도 만단수심에 빠집니다.

저 푸른 하늘이 온 우주와 세상 만물을 다 담고 있듯이 여러분들의 어버이의 눈에도 저 우주보다 더 넓고 땅덩이보다 더 큰 무량한 자비심이 담겨 있습니다. 그래서 어린이 여러분의 모습은 언제나 어버이의 눈동자 안에 다 들어 있습니다.

제 외할머니의 지극한 사랑 이야기입니다.

6·25 때 둘째 아들을 군에 보내 놓고 밤이면 밤마다 맑은 물 한 그릇을 소반에 받쳐 놓고는 할머니는 북쪽을 향해 엎드려 열심히 기도하셨습니다. 할머니의 소원은 하나입니다. 자식이 죽지 말고 살아서만 돌아오는 것이었습니다.

6·25전쟁 때는 누구나 전쟁에 끌려갔다 하면 다 죽어서 이름 석 자를 박은 위패도 제대로 부모에게 전달이 안 되던 시국이었습니다. 이런 난리 통에 자식들을 군에 보낸 어느 부모가 맘 편할 날이 있었겠습니까?

그래서 할머니는 천심에서 우러나오는 말소리대로 푸념을 읊으면서 하늘 보고 땅에 머리를 대고는 빌었습니다.

"천지신명이시여, 제 아들을 제발 죽지만 말고 살아서 돌아오게 해 주십시오." 하면서 백날을 밤마다 울면서 기도하셨습니다. 그렇게 지성으로 기도를 하시다가 기진맥진이 되어서 그대로 마당에서 쓰러졌습니다.

외삼촌은 6·25 때 최전방에서 죽기 살기로 싸우셨다고 합니다. 살 사람은 비 오듯이 쏟아지는 총탄이 피해서 가더랍니다.

삼촌은 최고참병이다 보니 분대장으로서 분대원 아홉 명을 거느리고 적군과 마주보고 싸우기를 아홉 번이나 심한 전투를 하셨다고 합니다. 죽기 살기로 싸우다 보면 번번이 전 대원을 다 잃어버리고 삼촌 혼자서만 살아서 소대로 돌아오곤 했답니다.

정말 구사일생으로 아홉 번을 살아서 소대로 돌아오면 소대장은 다시 보충병을 주면서 분대장 소임을 맡겨 열 번이나 전지로 가라 했답니다. 아홉 명의 보충병을 주면서 다시 같은 전지로 나가라는 명령뿐이었습니다. 이 기구한 운명을 맞고 보니 더 이상 적과 싸울 기력도 실제로 없었고 더 이상 견딜 수가 없어서 죽기로 결심을 했답니다.

삼촌은 적과 대치한 사지에서 자신의 총의 총구를 목에다 딱 들이대 놓고는 엄지발가락으로 방아쇠를 막 당기려는 순간, 제 외할머니가 갑자기 나타나서 삼촌의 양쪽 뺨을 세 번이나 후려치면서, "이 몹쓸 놈아. 네가 지금 무슨 짓을 하느냐?" 하고 호통을 치는 바람에 깜짝 놀라 정신을 바짝 차리고 앞을 보니 언제 나타났는지 중공군이 벌떼같이 삼촌 앞으로 달려들고 있었답니다.

'에라, 모르겠다. 차라리 잘되었다. 이제 너 죽고 나 죽고 해보자.' 하면서 막무가내로 사격을 얼마나 퍼부었던지 스스로 정신을 잃고 말았답니다.

삼촌은 정신을 차리고 보니 육군 병원이었다고 합니다. 제 외삼촌께서는 6·25때 실제로 훈장은 못 받았지만 대한민국 모든 무공훈장은 제 외삼촌처럼 잘 싸우신 무명용사들의 것이란 생각은 예나 지금이나 변함이 없습니다. 제 외할머니는 벌써 돌아가셨지만 제 외삼촌은 구십 노인으로 지금도 잘 살아 계십니다.

어린이 여러분, 어머니의 눈이 무엇인가를 이제 아셨습니까?

안녕.

어떻게 눈으로
볼 수 있나요?

할아버지가
알려주는
100문 100답

071

다섯 살 먹은 어린아이의 질문입니다.

다섯 살 어린이에게 할아버지가 아무리 말을 잘해도 눈이 어떻게 세상 만상을 잘 볼 수가 있느냐고 물었을 때 선뜻 그 답을 주기가 어렵습니다.

그러나 오늘날 어린이들뿐만이 아니라 모든 사람들이 자신들이 쓰고 있는 육체나 마음의 문이라고 하는 육근(안, 이, 비, 설, 신, 의)에 대해서는 아무것도 모릅니다. 천만다행으로 전자 제품들이 극도로 발달해서 쏟아져 나옵니다. 그 영상 매체들의 기술을 보면 실제로 사람들이 보고 듣고 하는 기능을 그 전자 제품들에 그대로 재현해 놓고 있습니다.

휴대폰만 하더라도 옛날 사진기보다도 모든 면에서 기능이 훨씬 뛰어납니다. 그 휴대폰을 가지고 촬영기처럼 동영상 촬영도 합니다. 심지어 멀리에 계시는 부모님이나 친지들과 서로 보면서 이야기를 마음대로 합니다.

바로 그 휴대폰에 동영상도 되고 녹음도 그대로 되는 이치만 잘 알면 우리들의 눈이 어떻게 해서 잘 보게 되는지를 쉽게 알 수가 있습니다.

224

왜냐하면 오늘날 과학 문명의 이기들은 모두가 우리의 몸에 있는 모든 신경 기능을 그대로 모방해 놓았기 때문입니다. 옛날의 사진기나 지금의 모든 영상 기기들은 실제로 우리들이 보는 시각의 신경 구조와 작용을 그대로 입력시켜 놓았습니다. 다만 전자 제품들은 사람처럼 깨닫고 아는 마음이 없을 뿐입니다.

우리들의 눈동자에 비유되는 카메라의 렌즈는 일단 빛을 조절하면서 사물의 크고 작은 형색들을 다 받아들입니다. 받아들여진 형상물들이 입력되어 필름에 기억시킵니다. 여기까지는 사람의 눈과 똑같은 기능을 합니다. 거꾸로 반영이 되어서 입력되는 현상까지도 눈과 똑같습니다. 다만 전자 제품들은 사람처럼 밖의 사물에 대하여 식별을 못할 뿐입니다.

어린이 여러분, 지금부터 어떻게 보고, 보고는 또 어떻게 깨닫고 아느냐 하는 질문에 대답하겠습니다.

누구나 눈으로 밖의 사물을 봅니다. 눈앞에 나타난 사물의 빛이 시각에 전달됩니다. 전달받은 시각의 신경이 깨닫고 아는 각성(覺性)을 흔들어서 자극을 줍니다. 자극을 받은 각성이 앞에 나타난 모든 현상들을 깨닫고 알게 합니다.

사랑하는 손자 손녀들이여, 어찌 눈만이 이러한 정신작용을 하겠습니까? 귀도 마찬가지입니다. 일단 밖에서 들어온 소리가 청각 신경에 전달되면 전달된 청각의 진동에 의하여 고요한 각성을 흔들어서 모든 소리를 다 깨닫고 알게 합니다.

또 코도 한가지입니다. 냄새를 맡는 후각 신경이 깨닫고 아는 각성을 자극하면 깨닫고 아는 묘각의 각성이 모든 냄새를 다 깨닫고 알게 합니다.

또 혓바닥도 그렇습니다. 어떤 맛이 입안의 혀에 닿으면 일단 혀의 미각 신경이 묘각의 각성을 자극하면 모든 맛을 다 깨닫고 알게 합니다.

또 몸도 몸에 무엇이 닿으면 감각 신경이 묘각의 각성을 흔들어서 몸에 닿은 모든 감각을 다 깨닫고 다 알게 합니다.

의식도 한가지입니다. 어떤 문제가 식심에 전달되면 전달돼 식정이 두루 다 깨닫고 아는 묘각의 각성을 자극하여 모든 문제를 다 깨닫고 알게 합니다.

어린이 여러분, 이렇게 미묘한 정신 활동은 오직 대각을 하신 석가 세존밖에는 그 누구도 모릅니다. 팔만대장경에 다 밝혀 놓으신 말씀을 할아버지가 여러분들께 전하는 이야기입니다.

어린이 여러분, 하지만 실제로 육근의 지각은 복덕성에서 생깁니다. 그래서 세상에서 죄를 많이 지은 사람은 시각이나 청각, 모든 감각기관에 공덕성이 없어서 눈이 있으되 보지 못하고, 귀가 있으나 듣지 못하며, 혀가 있으나 말을 못합니다.

어찌 그뿐이랴. 몸으로 못된 짓을 골라 가면서 행한 인간은 다음 생에는 몸은 있으나 전신을 못 쓰는 기구한 불구자가 됩니다. 또 세월없이 전쟁이나 일삼고 사람이나 죽이는 악독한 무리는 무간지옥을 갔다가 혹 나와서는 머리가 있으나 쓰지를 못하는 식물인간이 됩니다.

아, 보라. 착하게 살지 않고서 무얼 어찌하겠습니까?

중생들의 전생을 모두가 환히 다 본다면 어느 누구가 저 가련한 인종들에게 무슨 선의의 마음이 일어나겠는가? 하지만 어찌 하겠습니까, 불쌍한 저것들을. 특히 사람들의 병을 치료하는 의학도들에게 부탁을 합니다. 시대착오적인 전쟁 의학의 해부학 이론에 빠져들지 마세요. 눈앞에 안 보이는 정신 신경에 담겨진 착한 공덕성에 관한 공부를 다시 좀 하세요. 그래야만 앞으로 밥을 먹고 살기가 편안해집니다. 제발 새로운 생각과 견해로 큰 명의가 되소서.

안녕.

나는 왜
내 눈을 보지 못하나요?

여덟 살 먹은 초등학생의 질문입니다.

참으로 통쾌하고 신통한 물음이여. 어찌 어린 네가 이와 같은 질문을 할 수가 있었느냐? 고맙고 반갑다. 눈이 눈을 보지 못하는 그 심오한 이 치를 네가 어찌 물을 수가 있었느냐?

착하고 착한 손자여.

온 인류에게 묻습니다. 지금 이 어린이가 묻는 질문과 같은 의문을 단 한 번이라도 가져 보셨습니까?

손자 손녀들이여, 할아버지가 어리석은 물음에 어리석은 답을 준다 면 이와 같은 대답은 됩니다.

"손에 든 전등불의 빛은 앞만 비추지, 빛이 나온 그 뒤로 돌이켜 비추 지는 못합니다. 그러므로 우리는 스스로 보는 눈을 보지 못합니다."라 고 대답을 하면 곧 우문우답(愚問愚答)은 됩니다.

어린이 여러분, 눈이 눈을 못 보는 이 무지가 곧 일체중생이 가지고 있는 집단 무지(集團無知)입니다. 이 집단 무지로 살아가는 생명들을 일 러서 범부 중생(凡夫衆生)이라 부릅니다. 일체중생은 '눈이 눈을 왜 못 볼까?' 하는 생각도 못해 봅니다. 좋게 변명을 하자면, 생각도 안 해보고 살아갑니다. 실로 물어본들 그 이치를 누가 신통하게 알 것이며, 과연 누가 그에 대한 명쾌한 해답을 주겠습니까?

세상 사람들이여, 이와 같은 집단 무지를 단 한 번도 생각해 보지 못하고 무슨 재미로 사십니까?

손자여, 눈이 눈을 보지 못하는 것은 앞만 보고 뒤를 전혀 보지 못하기 때문입니다. 앞만 보고 뒤를 보지 못한다고 하는 말은, 누구나 눈을 꼭 감으면 눈앞이 암울하게 어두워집니다. 어두컴컴한 어둠이 눈앞을 가립니다. 분명히 앞에 나타난 어두운 그림자를 봅니다.

그렇게 어두운 그림자를 분명히 보고 있으면서도 일체 모든 사람들은 못 본다고 말합니다. 이 같은 무지를 일러서 하는 말이, 앞은 보되 뒤는 못 본다고 합니다. 만약에 실제로 아무것도 못 본다고 하면 어째서 앞이 캄캄해서 못 봄을 아십니까? 이를 일러서 "앞은 보되 뒤는 못 본다."고 하는 것입니다.

어린이 여러분들은 지금 할아버지가 무슨 말을 하고 있는가를 단박에 알아차릴 것입니다. 그런데 나이가 든 어른들이나 세상에서 제일 똑똑하다는 이들은 단박에 "보이기는 무엇이 보여? 미쳤네." 하고 소리를 버럭 지릅니다.

온 인류가 이 지경으로 착각에 빠져 있습니다. 앞에 나타난 빛만 본다고 하고, 눈앞에 가리는 어둠은 못 본다고 하는 기막힌 착각에 빠져 있습니다.

빛이 있으면 보고 빛이 없으면 어둠을 보는 이것도 분명히 보는 것입니다. 그런데 못 본다는 편견에 빠져서 꼼짝을 못합니다. 세상에 그 누구라도 눈을 뜨면 세상을 환히 보고, 반대로 눈을 꼭 감으면 앞의 빛을 차단시켰기 때문에 어둠을 분명히 봅니다. 만약에 정말로 앞의 빛만 보고 어둠을 못 본다면 어째서 그대는 캄캄한 어두운 밤을 아느냐고 물어보세요. 이 지경으로 엄청난 착각들을 하고 삽니다.

보다 큰 심각한 문제는 온 세상 사람들이 모두 육근(六根: 눈, 귀, 코, 입, 몸, 뜻)에서 반연된 감각과 감상은 느끼고 있을 뿐, 육감에 반연되지 않은 무감각의 부분은 아무것도 없다고 치부합니다. 있고 없고 있지도 없지도 않은 무의미 자체를 환히 보고, 느끼고, 깨닫고 하면서 말입니다.

눈의 경우는 보고 못 보고를 다 깨닫고, 귀의 경우는 듣고 못 들음을 다 깨닫고, 냄새를 맡는 코의 경우도 냄새가 있고 냄새가 없음을 다 깨닫고 압니다. 혀의 경우도 맛있고 맛이 없음을 동시에 다 깨닫고 압니다. 또 몸의 경우도 닿으면 감각이 있고 닿지 않으면 감각이 없음을 동시에 다 깨닫고 다 압니다. 생각하는 의식의 경우도 한가지입니다. 알고 모르고를 동시에 다 깨닫고 압니다. 이렇게 우리의 묘하게 깨닫고 아는 묘각(妙覺)의 각성(覺性)은 시방세계를 다 머금고 두루 다 환하게 밝히고 있습니다.

그런데 이러한 진실을 전혀 의식도 못하고 깨닫지도 못하면서 무얼 안다고들 합니다. 이와 같이 앞만 보고 안쪽을 깨닫지도 못하는 저 암둔한 편견의 고정관념 때문에, 오늘날 인류는 성추행 같은 말초신경이나 즐기며 답답하게 살아가고 있습니다.

이 모양으로 자신을 전체로 느끼고 깨닫고 아는 각성을 전혀 의식하지도 못한 채 허망하게 살다가 무서운 곳으로 죽어 갑니다.

어째서 스스로 깨닫는 각성을 그렇게도 모를까요? 저 끝없는 허공과 시방세계를 두루 싸고 있는 묘각의 각성을 왜들 의식을 못할까요? 그래서 모든 중생들은 이 편견의 고질병 때문에 머리가 두 쪽으로 갈라진 모양입니다.

아, 보라. 묘각을 성취하신 제불 보살님들의 두부를 보라. 일체를 두루 다 머금은 원광상을 보라.

어린이 여러분, 이제 눈이 눈을 보지 못하는 잘못된 편견을 알았습니까? 이제 눈을 감았다 떴다 해보세요. 밝고 어둠을 항상 보고 아는 자를 금방 발견할 것입니다.

모든 사람들이 이를 쉽게 깨닫지 못하는 큰 이유를 비유로 설명해 보겠습니다.

맑은 물그릇에다가 흙덩이를 집어넣고 흔들어 보세요. 그러면 금방 두 가지의 성품이 없어집니다. 무엇이 두 가지인가?

하나는 본래로 맑은 물의 성품이 없어지고, 두 번째는 금방 집어넣었던 흙덩이가 없어집니다. 이 두 가지의 성품이 없어지면서 그릇 속의 물은 흐리고 탁하게 됩니다. 흐리고 탁한 그 상태를 혼탁이라 합니다. 우리들의 마음이 꼭 이와 같이 혼탁하게 되었습니다.

본래로 맑은 물은 우리들의 각성이고, 흐리고 탁하게 한 흙덩이는 탐심과 분노와 음탕한 마음입니다. 바로 이 마음이 전체로 깨닫고 아는 각성에 들어가면서 우리는 반은 알고 반은 모르는 편견에 빠져서 꼼짝을 못하게 되었습니다.

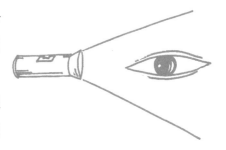

그러므로 알고 모르는 양면 심에서 꼼짝을 못합니다. 그래

서 보는 눈도 보고 못 본다는 착각이 생겼고, 듣는 귀는 듣고 못 듣는다는 착각이 생겼고, 몸의 감각은 닿으면 느끼고 닿지 않으면 느끼지 못한다는 착각이 생겼고, 코는 냄새가 있으면 맡고 냄새가 없으면 냄새를 못 맡는다고 하는 착각이 생겼고, 뜻인 의사(意思)는 의식이 있으면 안다고 하고 의식이 없으면 모른다고 하는 착각이 생겼습니다.

이렇게 두 쪽으로 있다 없다 하는 혼돈이 생기면서 본래로 밝고 청정한 각성을 상실하게 되었습니다. 그래서 세상 사람들에게 보는 눈을 보라고 말하게 되면 대번에 미친 사람 취급을 당합니다.

그 이유는 마치 눈먼 소경에게 태양을 보라는 것과 같아서 그렇습니다. 각성을 의식 못하는 것이 꼭 눈먼 소경 같습니다. 각성을 모르는 소경에게 두루 다 보고 두루 다 아는 청정한 각성을 의식하라고 하면 소경이 어떻게 밝고 어둠을 볼 수가 있겠습니까.

본래로 청정한 묘각의 각성은 시방세계를 두루 다 머금고 있습니다. 그렇게 머금고 있으면서 우리들이 쓰고 있는 육감을 따릅니다. 깨닫고 아는 각성이 눈으로 가면 시각이 되고, 귀로 가면 청각이 되고, 코로 가면 냄새를 맡는 후각이 되고, 혀로 가면 미각이 되고, 몸으로 가면 감각이 되고, 뜻으로 가면 지각이 됩니다.

이렇게 육근에 반응하는 묘각의 각성은 눈으로는 보고 못 봄을 따르고, 귀로는 소리가 있고 없음을 따르고, 몸으로는 감각이 있고 없음을 따르고, 뜻으로는 알고 모름을 따릅니다. 하지만 일체중생은 맹인처럼 묘각의 묘한 각성의 빛을 전혀 볼 수가 없으므로 이와 같은 진실을 전혀 생각지 못합니다.

본래로 깨닫고 아는 맑고 밝은 각성을 우리들의 마음으로 만든 망상의 흙덩이가 맑은 각성에 들어가서 우리를 다 망쳐 놓았기 때문입니다.

흙탕물 같은 식심 속에도 맑은 각성의 성품은 다 들어 있습니다. 그래서 우리들의 양면심을 명경같이 다 드러내어 보입니다. 그래서 듣는 청각은 소리가 있으면 소리를 깨닫고 소리가 없으면 소리가 없음을 깨닫습니다.

이렇게 듣는 청각은 왔다 갔다 하는 소리 자체와는 아무런 상관도 없습니다. 소리가 있고 소리가 없음을 깨닫고 아는 청각의 각성에야 무슨 변고가 있겠습니까?

항상 그대로 환하게 깨어 있을 뿐입니다. 이렇게 시방세계를 두루 머금고 있는 묘각의 각성은 우리들의 몸과 마음에 반연하는 육감의 성질에 따라서 항상 반응할 따름입니다.

어린이 여러분, 지금부터 우리가 해야 할 중차대한 숙제는 흐린 물과 같은 마음을 맑히는 일입니다. 어찌하면 맑아질까요? 실제로 물 한 그릇에다 흐린 물을 담아 놓고서 스스로 어찌하면 맑힐 수가 있을까 하고 생각을 해보세요.

답은 간단합니다. 그냥 가만히 두기만 하면 되지요. 그러면 저절로 물은 맑아집니다. 그러므로 절대 흐린 물 그릇 같은 마음을 어떻게 하려고 하지 마세요. 그냥 가만히 두고 보기만 하면 맑아져요.

그러므로 마음을 맑히려고 들면 망쳐요. 제발 설치지 마세요. 저 흐린 물 그릇과 같은 몸과 마음을 어디든 조용히 앉혀만 두고 그 흙탕물 그릇과 같은 몸과 흐려진 물과 같은 마음을 고요히 구경만 하세요. 그러면 자연히 마음이 고요해지면서 마음이 저절로 맑아집니다. 맑아지면서 스스로 자기가 보는 눈을 환하게 보게 됩니다.

이때에 홀연히 시방세계가 확 열리면서 여러분이 수만 생을 살아온 전생이 환하게 다 보이고 저 천당과 지옥이 모두 환상의 꿈임을 깨닫게 됩니다.

아, 보라. 착하다. 손자 손녀들이여, '내 눈은 왜 앞은 잘 보면서도 스스로 보는 눈은 왜 못 보는가?' 하는 좋은 질문을 해주어서 참으로 고맙구나. 기쁘고 기쁘도다. 손자들이여!

안녕.

눈, 귀, 콧구멍은 두 개인데
왜 입은 하나예요?

일곱 살 먹은 어린아이의 질문입니다.

실제로는 입은 구멍이 하나 같지만, 이 하나의 입 구멍으로 연결되어 있는 구멍은 아홉 개가 됩니다. 어떻게 해서 입으로 통하는 구멍이 아홉 개나 될까요?

입안에는 음식물이 넘어가는 식도가 그 하나요, 또 그 식도와 나란히 연결되어 있는 숨구멍인 기관지가 그 둘입니다. 그리고 또 입안에서 위로 통하는 구멍이 여섯 개가 있는데 콧구멍 두 개와 눈구멍 두 개와 귓구멍 두 개가 그것입니다. 이렇게 입에서 위로 통하는 구멍이 각각 두 개씩 있으므로 도합 여섯 개가 됩니다. 그러므로 모두 합쳐서 아홉 개가 됩니다.

그래서 여러분들이 재채기를 심하게 하든가, 감기로 오는 콧물을 심하게 풀게 되면 입안의 아홉 개 구멍이 동시에 찡 하면서 분비물이 입안으로도 넘어가고 밖으로도 흘러나옵니다. 이러한 생리 현상을 미루어 보아도 입은 한 구멍이 아니라 아홉 개의 구멍이 되고 있음을 알 수 있습니다. 그러므로 예부터 목 위의 구멍을 총칭해서 목구멍(頸九穴)이라 했습니다. 한 구멍 같은 입을 조심하라는 금쪽같은 사구 시어(四句詩語)가 전해 옵니다.

구입병자(口入病自) 만병은 스스로 입으로 들어오고
화자구출(禍自口出) 온갖 재앙은 스스로 입으로 나간다.

우리 모두는 입(口) 조심들 합시다.
안녕.

머리카락은 왜 자라고
대머리는 왜 생기나요?

일곱 살 먹은 어린아이의 질문입니다.

땅에서 잡초가 쉼 없이 자라나는 그 이치를 알면 모든 동물들이 몸이나 머리에서 털이 자라나게 되는 이치를 알 수 있습니다.

땅에서 자라나는 모든 풀과 나무는, 따뜻한 땅의 열기가 땅 위로 솟아오를 때에 땅에 스며 있던 축축한 습기가 땅에서 나는 열 기운보다도 물 기운이 더 세면 열 기운이 수분을 밀어 올려서 모든 초목이 치솟아 나게 됩니다. 그래서 산야에 자라는 모든 초목을 손으로 꾹 짜면 물이 나오고 서로 마찰을 시키면 불이 납니다. 불로 초목이 타고 나면 마침내 흙이 됩니다.

몸에서 나는 모발도 한가지입니다. 몸에서 나는 열의 기운이 혈액 속에 흐르는 수분과 함께 지방을 밀어 올리기 때문에 모발이 자라나게 됩니다.

이러한 이치로 모발을 마찰시키면 불이 나고, 모발이 탈 때에는 지방질인 기름이 납니다. 기름이 재가 되고 나면 다시 질소질인 흙이 됩니다. 이렇게 땅에서 나는 초목이나 몸에서 자라는 털은 모두 불과 물의 조화입니다.

그리고 벗어진 대머리가 되는 것도 마찬가지입니다. 두피 지방의 수분보다도 두부의 열이 높으면 모발이 자라나지 못합니다. 그래서 사막 같은 대머리가 됩니다.

또 모든 동물들은 온몸에서 털이 무질서하게 자랍니다. 그것은 동물의 심리 중에는 부끄러움을 전혀 모르는 파렴치한 근성이 있기 때문입니다. 파렴치한 이 근성 때문에 전신을 털이 뒤덮고 있습니다.

다만 고등동물인 사람만은 임맥과 독맥과 대맥이 고도로 발달되어 있습니다. 그래서 사람은 똑바로 서서 걸어 다닐 수가 있습니다. 그리고 또 복중에는 오장 오부(五臟五腑)가 고도로 발달되어 있으므로 무엇을 분별하고 그것을 깊이 생각하는 총명한 식심(識心)을 가지고 있습니다. 그러므로 고급한 모발이 질서 정연하게 자라납니다.

보라, 저 면부의 미목(眉目)은 초승달처럼 수려하고 두부를 장엄한 모발은 마치 햇살처럼 곱고 부드럽습니다. 이러한 좋은 상호를 두루 갖추게 된 것은 사람에게는 윤리와 도덕의 공덕심이 있기 때문입니다.

우리들의 머릿속에는 밝은 의식을 풍요롭게 하는 도덕성(道德性)이 있고, 사람의 인품을 아름답게 하는 윤리성(倫理性)이 있습니다. 그러므로 사람만은 좋은 상호를 두루 갖추게 됩니다. 그래서 사람은 짐승과는 달리 모발이 나는 부위도 엄격히 분명합니다. 두부에 나는 모발도 분명하고 용모를 선명하게 하는 눈썹과 눈도 분명합니다.

또한 장부의 기상을 상징하는 턱수염은 지성미로 분명합니다. 반면에 여성은 수염이 없습니다. 그것은 여성은 밑으로 생리를 하기 때문입니다.

피부에 나는 모발은 경계선이 분명합니다. 이 경계선을 발제부(髮際部)라 합니다. 곧 면도를 하는 발제부가 되고 있습니다. 이것이 사람과 짐승이 근본적으로 다른 점입니다.

바로 이 같은 아름다운 기품은 모두가 사람에게 엄숙한 윤리와 도덕심이 있기 때문입니다. 이 모두가 착한 공덕성에서 생기는 불가사의입니다.

그러므로 완전한 인격자가 되는 기본의 틀은 웃어른을 공경하고 아랫사람을 보살펴 주는 도덕성과 인간관계를 아름답게 하는 윤리심에서 비롯되고 있음을 꼭 알아야 합니다. 그래서 막돼먹은 사람은 몸에 털이 나도 살벌한 짐승과 같고 남 달리 착한 사람은 머릿결이 곱고 또한 살결도 매우 곱습니다.

어린이 여러분, 지금 할아버지가 밝히는 이 이야기를 잘 기억해 두세요. 만약에 오늘날 자유니 민주니 하는 기성세대의 정치 구호에 잘못 물이 들면 큰일 납니다. 참된 교육의 근본은 도덕적이고 윤리적인 사람이 되는 인성 교육에 있습니다.

어린이 여러분, 대머리가 되는 몇 가지 사례를 여담 삼아 들려 드리겠습니다. 잘 들어 두세요.

세상에서 대머리가 되는 특별한 업보가 있다고 합니다. 업보란 자기가 스스로 지은 대로 받는다는 뜻입니다. 어쩌다가 사랑하는 연인을 내가 배신했을 때, 그 연인이 원한을 품고 자살을 했다면 그 영혼이 저승에서 살아 있는 연인의 머리통의 모발을 몽땅 잡아 뽑아 간답니다. 그러면 그 원한으로 인해서 발생된 대머리는 백약이 무효입니다. 이런 대머리를 원발귀증(冤髮鬼症)이라 합니다.

또 하나는 성욕을 지나치게 즐김으로써 발생하는 대머리입니다. 이는 배꼽 밑(下焦)의 열(腎頭熱)이 두부(上焦)로 치밀어 올라서 발생하는 대머리입니다. 그래서 예부터 대머리는 남의 것을 많이 밝히는 성미가 있다고 해서 대체로 대머리를 악상으로 봅니다.

물론 남달리 일찍이 출세도 합니다. 특히 대뇌가 발달되어 있기 때문입니다. 물론 공부를 지나치게 많이 하게 되면 두부에 열이 심해지므로 머리숱이 많이 빠지게도 됩니다. 대머리의 경우는 마치 뜨거운 사막에 풀이 나지 못하는 이치와 같습니다.

그러므로 항상 마음을 고요히 하는 명상을 즐기세요. 명상보다 더 좋은 건강의 묘약은 없습니다. 두말할 나위 없이 부모와 스승님께 항상 큰 절을 올리는 아름다운 예절을 몸과 마음에 꼭 익혀 두세요. 이런 사람은 중풍, 고혈압 같은 나쁜 병이 오지 못합니다. 고혈압 같은 나쁜 병은 내가 잘났다고 하는 교만심에서 발생합니다.

언제나 머리를 숙여서 절을 곱게 잘하는 사람은 나이가 많아도 별로 머리가 빠지지 않습니다. 머리만 안 빠지는 게 아닙니다. 사람들의 눈에는 보이지 않는 천신(天神)들이 항상 따라다니면서 모든 불행을 잘 막아 줍니다.

안녕.

나이가 든다는 것은 무엇인가요?
사람은 왜 늙고 머리가 하얗게 세나요?

일곱 살 먹은 어린아이의 질문입니다.

나이가 든다는 것은 삶의 경험이 풍부해진다는 의미입니다. 삶의 경험이 풍부해지면 누구나 지혜로워집니다. 그래서 공자님께서도 오십이지천명(五十而知天命)이라 하셨습니다. 사람은 오십이 넘어야만 세상을 밝게 아는 철이 든다고 하셨습니다.

늙는다고 하는 것은 얼굴에 주름이 잡히고, 피부에 검버섯이 생기면서 살색이 흑색이 되어 가는 모습을 늙는다고 합니다. 그래서 한문 글자 늙을 노(老)를 파자로 풀어서 해설해 보면, '老' 자는 흙 토(土) 자 옆 변(邊)으로 삐칠 별(丿) 자를 썼습니다. 이 삐칠 별(丿) 자는 늙으면 누구나 곧 땅속으로 들어간다는 뜻입니다. 그 글자 밑에 비수 비(匕) 자를 붙여 놓았습니다. 이 비수 비(匕) 자는 무엇이 어떻게 된다고 하는 될 화(化) 자를 의미하고 있습니다. 그래서 늙는다고 하는 것은 곧 흙이 된다고 하는 의미가 있습니다. 그러므로 늙는다고 하는 것은 지혜의 완성을 의미하기도 합니다. 그래서 옛날 중국의 노자(老子)는 깨달은 성자입니다.

어린이가 물었습니다. 늙는다고 하는 것이 무엇이냐고요?

그러면 지금부터 늙어서 대지가 된다고 하는 뜻을 가진 노인(老人)의 공덕 열한 가지를 설명해 보겠습니다.

흙으로 덮인 대지에는 열한 가지의 불가사의가 있습니다.

첫째는 물이 대륙을 넘지 못하고,

둘째는 불이 흙을 태우지 못하고,

셋째는 바람이 대륙을 날려 버리지 못하고,

넷째는 땅속에는 무량한 보물이 들어 있고,

다섯째는 땅속의 세계를 측량 못하고,

여섯째는 지표의 넓이를 측량 못하고,

일곱째는 무량한 중생이 살고 있고,

여덟째는 아무리 비가 많이 와도 대륙을 덮지 못하고,

아홉째는 아무리 비가 아니 와도 대륙을 말리지 못하고,

열째는 아무리 산천에 초목과 곡식이 자라도 흙은 한 줌도 줄지 않고,

열한째는 바다는 모든 쓰레기를 다 밀어서 바닷가로 보내지만 땅은 온갖 부정한 오물을 다 머금어 버립니다.

그래서 썩은 시체나 똥을 흙으로 한 치만 덮어도 냄새가 안 납니다.

어린이 여러분, 이것이 노인과 같은 흙의 열한 가지 불가사의입니다. 이러한 땅의 열한 가지 공덕과 같은 노인들에게는 항상 큰절을 합니다.

히말라야 높은 고봉에는 항상 하얀 눈이 덮여 있습니다. 그처럼 사람도 나이가 높아지고 생각이 고상해지면 저절로 머리가 하얗게 변합니다.

복잡한 세상을 사는 일반 사람들은 머리를 너무 많이 쓰기 때문에 적

혈구가 감소되고 백혈구가 많아져서 머리가 하얗게 되는 경우도 있습니다. 뿐만 아니라 체질과 유전자의 성질에 따라서도 머리털이 하얗기도 하고 까맣고, 김고, 누렇고, 붉기도 합니다. 그렇기 때문에 딱히 왜냐고 묻지 마세요. 만법은 정해 놓은 답은 하나도 없습니다. 이를 무유정법(無有定法)이라고 합니다.

양나라 무제 때 주흥사는 24시간 동안 네 글자로 된 사구 시어로 천자문(千字文)을 다 짓고 나니 머리가 하얗게 세었다고 해서 천자문을 백수문(白首文)이라고도 합니다. 이와 같이 나이와 상관없이 머리를 지나치게 써도 검은 머리가 셉니다.

안녕.

왜
잠을 자나요?

　다섯 살 먹은 어린아이의 질문입니다.

　사람의 머리는 두 쪽입니다. 하나는 깨어 있는 의식이고, 한쪽은 아무
것도 모르는 무의식입니다. 그래서 깨어 있는 의식계가 지배하고 있는
얼굴은 하얗습니다.

　반면 아무것도 모르는 무의식계가 지배하고 있는 두부의 머리털은
검습니다. 그래서 머리털은 가위로 아무리 베어도 아픈 줄을 모릅니다.

　그러므로 모든 동물은 낮에는 일을 하고 밤에는 반드시 잠을 자야만
합니다. 잠을 자지 않게 되면 정상인의 심리를 잃고 실성해 버리기도 합
니다. 왜냐하면, 깨어 있는 의식계는 모든 정신 활동과 육체노동을 하는
무대가 되고 있기 때문에 의식계를 너무 지나치게 쓰게 되면 심신이 피
로해져서 반드시 정신에 혼란이 생깁니다.

　그렇게 되면 졸지에 안정된 마음을 잃고 미치게도 됩니다. 그래서 우
리가 살고 있는 이 지구촌에는 잠자는 밤이 있고, 일을 할 수가 있는 낮
이 있습니다. 만약에 잠이 없고 잠 대신 명상만 있는 하늘나라 사람을
제외한 지구촌에 사는 사람에게 밤이 없다면 온 세상은 정신병자로 가

244

득할 것입니다.

그래서 반드시 밤이 되면 잠을 자야만 합니다. 그래야만 낮 동안 지친 몸과 마음의 피로가 풀립니다. 지나친 의식 활동의 고달픔은 무심한 무의식 속에서만 풀립니다. 의식의 고달픔이 풀리는 아방궁은 바로 우리들의 무의식 세계인 잠입니다. 그래서 누구나 잠을 못 자면 지옥이 됩니다. 지옥과 같은 불면증은 온 인류의 무서운 적입니다.

세계대전이 생기고부터 수면제를 먹지 않고는 살 수 없는 고뇌를 지금도 많은 사람들이 겪고 있습니다. 첨단 의학이 자랑하는 최신 묘약으로도 불면증 앞에서는 꼼짝을 못하고 있는 형편입니다. 불면증을 치료할 수 있는 약이나 기술은 앞으로 없습니다.

왜냐하면 모두 정신병이기 때문입니다. 정신병은 치료가 어렵습니다. 그래서 어릴 때부터 건전한 정신교육을 받아야만 합니다. 그런데 지금 교육의 현장을 가보세요. 이게 도대체 무슨 교육장입니까?

지금 세계적으로 정신병 환자가 넘쳐나고 있습니다. 의술이 발달한다고 해서 정신병을 고칠 수 있다고는 생각하지 마세요. 정신병에 안 걸리려면 어릴 때부터 정신 교육을 잘 받아야만 합니다. 그 정신 교육은 인성 교육입니다. 인성 교육 외에는 어떠한 예방의 묘약도 없습니다. 있다면 무서운 정신 교육입니다.

어린이가 물었습니다. 왜 잠을 자나요?

지금도 정신병원에서 주는 약은 태반이 수면제 종류입니다. 잠이 아니면 미친 증세를 잠시라도 멈추게 할 수가 없기 때문입니다. 실은 아무런 효험이 없습니다. 정상인의 경우에는 낮과 밤은 온 인류에게 건전한 삶을 살 수 있도록 무한한 은혜를 베풀고 있습니다. 그렇다고 잠을 너무 많이 자면 썩은 고주박과 같은 인생이 됩니다.

고주박 인생론

공자님의 제자 한 분이 어찌나 잠이 많았던지 공자님께서 무슨 말씀을 몇 마디만 해도 고개부터 끄덕끄덕 했답니다.

그래서 공자님께서 그 딱한 제자에게 충고하시기를,

"자네같이 잠이 많은 사람은 큰 나무를 벤 밑둥치가 썩어서 네 가지로 쓸모가 없는 고주박과 같네."라고 하셨다고 합니다.

이 말씀을 들은 제자가,

"썩은 고주박의 네 가지 무용지물이 무엇이옵니까?" 하고 물었습니다. 공자님께서 그 이유를 이렇게 말씀하셨습니다.

"첫째는 화광이 없으니 땔감으로도 못 쓰고, 두 번째로는 윤택한 진기가 없으니 흙으로도 못 쓰고, 세 번째로는 푹 썩지를 않았으니 거름으로도 쓸 수가 없고, 네 번째로는 가재도구가 될 만한 재목으로도 못 쓴다네."

그 제자는 스승의 잠 많은 네 가지 나쁜 성질에 대한 충고의 말씀을 듣고 평생 잠을 멀리했다고 합니다.

안녕.

사람이 소나 돼지, 닭 같은 동물을 잡아먹는 일이 나쁘지 않나요?

일곱 살 먹은 어린아이의 질문입니다.

생명을 죽이는 살생은 매우 나쁩니다. 누구나 세상을 더 오래 살고 싶어 합니다. 어찌 짐승들이라고 해서 다르겠습니까?

굼실굼실 기어 다니는 벌레도 죽지 않고 오래 살고 싶어 합니다. 모든 중생은 삶에 대한 욕구 본능은 한결같이 똑같습니다. 사람보다도 생명의 욕구는 더하면 더했지 덜하지 않습니다. 그래서 짐승이 자살을 했다는 기록은 만고에 없습니다. 그런데 인정 많고 지성미로 넘치는 사람이 남의 생명을 죽여서 그의 살과 피를 먹으면 되겠습니까?

기독교 교인들은 엄청난 망언들을 하고 있습니다. 짐승들은 하나님께서 사람들이 잡아먹으라고 만드셨다고 합니다.

예수님은 일생을 채식을 하셨습니다. 그리고 하나님은 일체 모든 생명을 아끼고 사랑하심이 우리 인간들이 독자를 사랑함보다도 몇 억천만 배나 더 불쌍히 여기시고 사랑하신다고 하였습니다. 그런데 어찌 자비로우신 하나님께서 힘없고 가련한 짐승들을 잡아서 인간들에게 먹으라고까지 하셨겠습니까?

더더욱 엄청난 망언은 하나님이 사람들을 위해서 짐승을 만드셨다고 하니 이보다 더한 망발이 어디에 있습니까?

성서 어디에 축생을 잡아서 먹으라는 기록이 실제로 있습니까? 혹, 기록이 있다면 분명 저 사탄들의 낙서입니다. 참으로 선량한 우리 어린 손자 손녀들도 무서워하는 살생을 어찌 하나님과 예수님이 육축을 잡아서 먹으라고까지 하셨겠습니까?

남의 목숨을 살리는 선행은 나도 좋고 저도 좋습니다. 남의 목숨을 살려주고 죽이지 않는 착한 공덕으로 무병장수하는 복을 받는다고 합니다. 이와 같은 인과응보에 관한 말씀은 예수님도 살아생전에 수없이 하셨습니다.

"죽인 자는 죽임을 당할 것이요, 찌른 자는 찌름을 받을 것이다."

어린이가 물었습니다.

"소, 돼지, 닭 등을 잡아먹는 일은 나쁘지 않나요?"

좋은 질문의 정확한 대답은 삼천 년 전에 인도에서 탄생하신 석가모니 부처님께서 잘 밝혀 놓으셨습니다.

절대로 살생은 금지하셨습니다. 불쌍한 짐승들을 잡아서 그의 살을 먹는 행위를 절대로 못하게 하셨습니다.

만약 내가 산 목숨을 죽여서 그의 살과 피를 먹게 되면 나에게 죽임을 당한 그 짐승은 죽어서 다시 사람으로 태어나고 그의 살과 피를 먹었던 나는 짐승으로 태어나서는 사람으로 태어난 그에게 잡아먹힘을 당한다고 했습니다.

이렇게 서로 잡아먹고. 서로 잡아먹히고 하는 앙갚음이 끝이 없다고 합니다. 이렇게 주고받는 보 갚음을 부처님은 인과응보(因果應報)라 하셨습니다.

설사 복이 좀 있어서 세상 사람으로 태어난다고 하더라도 남의 생명을 빼앗은 그 업보로 오래 살지 못히는 단명의 보를 받는다고 하셨습니다. 그러므로 갸륵한 어린이의 생각처럼 살생은 절대로 안 됩니다.

안녕.

사람은 태로 나는데,
왜 새는 알을 낳나요?

일곱 살 먹은 어린아이의 질문입니다.

태로 나는 모든 동물과 알로 나는 난생(卵生)은 서로 생겨나는 생태가 다릅니다. 알로 낳는 난생은 암수가 서로 붙어서 잠깐 촉감을 느끼면 수정이 됩니다.

그러나 태로 나는 사람은 많이 달라요. 일단 어머니가 아버지의 사랑을 받아들여야만 합니다. 사랑을 충분히 받아들여서는 수정을 시킬 수 있는 태(胎)를 만듭니다. 그리고 그 어머니의 태속에 아버지의 정액이 수정되면서 잉태를 합니다.

그러므로 태로 나는 사람과 모든 동물은 사랑을 받아들여서 태를 이루고 수컷의 정액을 받아들여서 수정을 시킵니다. 그래서 모두 태로 난다고 해서 태어난(胎於生)다고 말을 합니다.

그러나 닭이나 새, 짐승은 모두 암수가 잠깐 감응하면 알에 수정이 되기 때문에 난생(卵生)이라고 합니다.

어린이 여러분, 세상에 생명이 나오는 데는 네 가지 종류가 있습니다. 태로 나고, 알로 나고, 습기와 감응해서 나고, 벗어버리는 촉리(觸離)로

250

새롭게 변화해서 나는 화생(化生)이 있습니다.

　다시 말씀드리면, 사람처럼 애정으로 태어나는 태생(胎生)과가 있고, 새나 닭처럼 잠깐 촉감으로 수정이 되는 난생(卵生)과가 있고, 지렁이나 굼벵이 같은 파충류처럼 습기와 감응해서 생겨나는 습생(濕生)과가 있고, 또 잠자리나 매미 등과 같이 허물을 벗고 변화해서 생겨나는 화생(化生)이 있습니다. 이렇게 모든 생명은 네 가지 종류로 생겨난다고 해서 사생(四生)이라 합니다.

　안녕.

씨를 뿌리면
왜 싹이 트나요?

할아버지가
알려주는
100문 100답
079

일곱 살 먹은 어린아이의 질문입니다.

아무리 작은 씨앗이라도 그 속에서 싹이 터져서 나올 때를 잘 보면 동물이 태어나는 생리와 별반 다르지 않습니다. 씨앗에도 동물의 성기와 같은 음핵(陰核)이 있습니다. 이 음핵 안에는 음성, 중성, 양성의 신경 세 개가 들어 있습니다.

바로 이 세 개의 식물성 신경이 발아되어 나오면 두 쪽의 잎이 되고, 그 중심에서는 둥치가 될 싹이 나옵니다. 아무리 작은 씨앗이라도 반드시 흙 속으로 파고들지 않으면 싹을 틔울 수가 없습니다. 그것은 어머니가 없으면 잉태를 못하는 것과 같습니다.

그리고 따뜻한 열을 받지 못해도 발육하는 에너지를 얻지 못합니다. 그리고 적당한 물기를 얻지 못하면 씨앗 속에 숨어 있는 식물성 신경이 말라죽습니다. 그러면 싹이 나오지 못합니다.

모든 초목의 근본 원소는 흙(土)과 물(水)과 불(火)입니다. 그래서 풀잎은 짜면 물이 나오고, 풀과 나무는 서로 마찰을 시키면 불이 일어나고, 풀과 나무가 타면 마침내 재가 되어 흙으로 돌아갑니다.

그런 까닭에 모든 식물의 종성은 흙과 불과 물을 만나지 못하면 싹을 틔우지 못합니다.

안녕.

꽃이 피는
이유는 무엇인가요?

　일곱 살 먹은 어린아이의 질문입니다.

　어린이 여러분, 우리가 사는 대자연계는 어떠한 이유도 없습니다. 항상 그런 대로 저런 대로 되는 대로 이루어지는 것뿐입니다. 그런데 꽃이 피는 이유가 어디에 있겠습니까? 그냥 그런 대로 철따라 계절 따라 잎 피고 꽃이 핍니다. 이유를 알고 싶어 하는 마음은 말 많고 생각 많은 인간들의 정신병입니다.

　꽃은 햇빛과 달빛과 별빛의 조화로 피고 집니다. 그래서 해가 뜨면 다수의 꽃들은 꽃잎을 피워 냅니다. 그리고 박꽃이나 달맞이꽃처럼 달 밝은 밤에 꽃을 피워 내는 종류도 있습니다. 또 어떤 희귀종의 꽃들은 밤하늘에 별빛이 유난히 빛을 내어야만 밤안개 같은 꽃을 피워 냅니다.

　그러므로 모든 꽃들은 해와 달과 별들이 피워 내는 조화입니다. 그래서 모든 꽃들은 해와 달과 별들의 색향과 모색을 그대로 닮고 있습니다. 물론 꽃들의 성질은 자라나는 풍토와 토질과 기후와 빛의 각도에 따라서 다양한 모양과 색상을 이루기도 합니다. 이렇게 해서 지구상에 피고 지는 팔만 사천 종의 꽃들의 춤은 이루어집니다.

어린이 여러분, 여러분들이 앞으로 자라서 훌륭한 생물학자가 되고, 저 우주를 꿰뚫어 보는 우주 물리학자가 되고, 생명의 실상을 들여다보는 생명 과학자가 되고 보면, 지금 이 할아버지의 자연지(自然智)가 모두 진실임을 알게 될 것입니다.

안녕.

씨앗과 꽃은
어느 쪽이 먼저 생겼어요?

할아버지가
알려주는
100문 100답
081

　일곱 살 먹은 어린아이의 질문입니다.

　예수님께 누가 "닭이 먼저예요? 계란이 먼저예요?" 하고 물었다고 합니다.

　예수님은 "닭이 먼저니라."라고 하셨다고 전합니다.

　지금 어린이의 씨앗과 꽃의 질문도 '닭과 계란'의 선후와 마찬가지 내용의 질문이 되고 있습니다.

　닭과 계란의 질문에서 닭이 먼저라는 예수님의 답은 후세 사람들이 지어낸 말입니다. 왜냐하면 모든 생명의 유전자는 모두 난세포(卵細胞)에서 시작을 합니다. 난세포란 계란같이 생긴 미세한 알을 말합니다. 그런데 예수님이 정말로 우주 생명의 실상을 잘 몰라서 닭이 먼저라고 했다고 생각하십니까?

　예수님은 분명히 "알이 먼저니라."라고 대답을 하셨습니다. 왜냐하면, 할아버지가 아는 예수님은 설사 어떤 악마가 예수님의 몸을 발기발기 찢어 놓는다 하더라도, 마음으로 몸을 원래의 상태로 돌이키겠다는 원력(색신삼매, 色身三昧)에 들어가면 찰나에 상처 하나 없는 본래의 몸으로 돌아올 수 있는 분이기 때문입니다.

이것이 깨달은 성자님들만이 가지고 있는 불가사의한 신통력입니다. 이러한 부활의 신비를 선혀 모르는 속인들이 무얼 안다고 할 수가 있겠습니까.

모든 생명의 종성은 어머니의 자궁과 같은 난세포 속에서 잉태했다가 출생을 합니다.

실제로 일어난 예수님의 부활의 신비가 바로 여기에 있었습니다. 예수님은 세상 사람들의 생체와는 달리 육신의 세포 하나하나가 전부 진공장으로 되어 있다는 사실을 누가 알겠습니까? 예수님 자신은 너무나 잘 알고 계셨습니다.

참으로 모든 진리를 통달한 사람은 닭이 먼저라고 하든, 알이 먼저라고 하든, 사실과 진실이 어떻게 전도가 되어도 아무런 상관이 없습니다. 왜냐하면, 진리의 실상은 곧 그것이 이것이고, 저것이 곧 이것이 되기도 하면서 결국에는 곧 이것도 저것도 아니요, 아닌 것도 아니기 때문입니다.

하지만 우리 어린 손자들은 어려서부터 자연의 순리를 잘 배워 익혀야만 합니다.

어린이 여러분, 잘 들어보세요. 작든 크든 모든 씨앗들 속에는 그 꽃나무의 뿌리도 줄기도 잎도, 그 꽃의 향기도, 맛도 다 갖추어져 있습니다. 그래서 답은 씨앗이 먼저입니다.

문제는, 뿌리는 줄기를 모르고, 줄기는 잎을 모르고, 잎은 꽃을 모릅니다. 그 꽃 또한 자신의 모든 것을 다 모릅니다. 하지만 그 꽃을 만들어 내는 씨앗은 모든 것을 다 알고 있습니다. 다 안다고 하니까 여러분들처럼 말과 글과 지식으로 안다는 얘기가 아닙니다.

한 알의 씨앗처럼, 그 속에 뿌리, 줄기, 꽃잎, 꽃 봉우리, 그리고 그 씨앗까지도 실제로 그대로 다 담고 있다는 뜻입니다. 그러므로 생각으로 아는 것은 허공에 구름 같은 허황된 망상입니다.

"한 알의 밀알이 되어라."고 하신 예수님의 말씀은 실제로 한 톨의 씨 알맹이와 같이 진실로 그 씨앗과 같은 인가이 되어 있으라는 말씀입니다. 이러한 사실만 잘 알아도 예수님께서 반드시 그대를 반겨 주실 것입니다.

안녕.

바다란
무엇인가요?

열 살 먹은 초등학생의 질문입니다.

바다란? 다 받아들인다는 뜻에서 이름을 바다라 했습니다. 그런데 저 바다는 지구를 삼분의 이나 뒤덮고 있습니다. 지금으로부터 수십억 년 전에 지구가 태양처럼 벌겋게 달았다가 서서히 식으면서 뜨거운 불기운이 하늘로 올라갔습니다. 올라간 열 기운이 찬 공기를 만나면서 뜨거운 공기가 수소가스로 변화를 했습니다. 변화된 수소가스의 비구름이 지구를 뒤덮게 되었다고 합니다. 그 비구름들이 수레바퀴만 한 빗방울이 되어서 500년간을 계속해서 지구상에 퍼부었다고 합니다. 500년간 모인 빗물이 지금 우리가 보는 저 바다의 물이라고 합니다.

저렇게 바닷물이 짜게 된 것은, 바닷물을 비롯해서 생긴 숱한 생명체들이 수십억 년간 지구상에 살면서 온갖 더럽고 부정한 배설물을 흘러보내면서 그 부정한 오물들이 모이고 쌓여서 짠맛을 내게 되었다고 합니다.

그런데 저 바다라고 하는 대양에는 사람의 머리로는 도저히 생각이 미칠 수가 없는 열 가지의 불가사의(不可思議)가 있습니다.

첫 번째는 넓이를 계산할 수 없고,

둘째는 깊이를 측량할 수 없고,

셋째는 보물이 한량없고,

넷째는 큰 동물과 어종이 무량하고,

다섯째는 비가 아무리 많이 와도 바닷물은 불지 않고,

여섯째는 비가 아무리 아니 와도 바닷물은 줄지 않고,

일곱째는 어디나 짠맛이 동일하고,

여덟째는 물빛은 어디나 맑고 깨끗하고,

아홉째는 온갖 강하의 물이 바다에 들어가면 모두 제 이름을 잃고,

열째는 시체나 일체의 오물은 해변으로 다 밀어낸다.

이것을 바다의 열 가지 불가사의라 합니다.

안녕.

태양은
무엇인가요?

열 살 먹은 초등학생의 질문입니다.

태양은 우주 의식의 진공관입니다. 만약 태양이 없다면 어떠한 생명체도 존재할 수가 없고, 온 우주는 캄캄한 흑암지옥이 될 것입니다. 저 영구 불멸의 성질을 가진 태양은 아무것도 없는 무변 허공 가운데서 처음으로 생길 때 우주 의식(영혼)이 허공을 둘둘 말아서 전구알 같은 우주 진공관을 만들게 되었습니다. 그것이 지금 우리가 보는 태양입니다.

처음 아무것도 없는 가운데서 우주 의식의 진공관이 생기게 되는 그 과정의 시간이 무량하게 길고 멀어서 인간들의 머리로는 도저히 계산을 할 수가 없다고 합니다. 이렇게 시간으로는 도저히 계산할 수 없는 긴 시간을 간단히 장구(長久)라 합니다. 이렇게 처음으로 태양이 생기게 되는 길고 먼 시간을 생장구(生長久)라 합니다.

또 태양이 생겨서 새롭게 점점 더 성장해 가는 시간이 멀고멀어서 생각을 할 수가 없는 시간을 성장구(成長久)라 합니다. 또 원만히 성장했다가 서서히 변해 가는 시간이 길고 멀다고 해서 이를 이장구(異長久)라 합니다. 또 마침내 태양 자체의 수명이 다해서 서서히 없어지는 시간이 또

261

한 길고 멀다고 해서 이를 멸장구(滅長久)라 합니다.

이와 같은 태양의 네 가지 길고 먼 시간을 통칭 사장구(四長久)라 합니다.

지금 우리가 머리에 이고 사는 태양은 사장구(四長久)라 하는 멀고 먼 시간 중에서 성장구에 속해 있다는 전설도 있습니다. 어쨌든 쓸데없는 거정들은 아니 해도 됩니다. 왜냐하면 태양은 영구 불멸성을 가진 우리의 영혼을 말아서 만든 우주의 진공관이기 때문입니다. 그러므로 저 태양의 열과 빛은 현대 우주 물리학자들이 생각하는 수소가스의 융합반응 학설은 물질적인 에너지를 태우는 이론에 지나지 못합니다.

태양은 다만 일체중생의 무진한 번뇌를 태워서 열을 내고 무진한 사념 망상을 융합시켜서 불가사의한 광명상을 이룹니다. 그러므로 태양은 우주 만물과 모든 생명의 에너지가 되고 있습니다.

안녕.

눈은
왜 하얗죠?

일곱 살 먹은 어린아이의 질문입니다.

맑고 깨끗한 물의 수소 분자가 공중에서 찬 공기를 만나서 얼게 되면 눈이 됩니다. 일단 눈이 되고 나면 일체의 빛깔을 다 밀어냅니다. 저 눈(雪)이 일단 모든 빛을 밖으로 다 밀어내게 되면 우리들 눈에는 눈이 부시도록 하얗게 보입니다. 그래서 고인들은 밝은 대낮을, 하얀 날이라 해서 백일(白日)이라 했습니다. 모든 빛이 반사를 하게 되면 반드시 하얗게 되기 때문입니다.

본래 백색의 존칭어를 백법(白法)이라 합니다. 그래서 백법은 지혜(智慧)를 상징하고 있습니다. 오늘날 모든 과학 문명이 미국과 러시아와 중동의 백인들이 다 주도하고 있는 현실도 무시할 수 없는 백법의 진리입니다. 그러므로 여러분도 하얀 눈의 마음을 배우세요. 하얀 눈의 마음은 나의 모든 공덕을 남에게로 돌리는 아름다운 마음입니다.

안녕.

천둥과 번개는
왜 생기나요?

일곱 살 먹은 어린아이의 질문입니다.

여러분들이 두 개의 돌을 양 손에 쥐고 서로 마주치게 되면, 먼저는 돌과 돌 사이에서 불이 번쩍 하고 일어남을 볼 것입니다. 그리고 곧 따라서 마주치는 돌 소리가 날 것입니다. 이와 마찬가지로 우리가 사는 이 우주 공간에는 같은 성질은 밀어내고 다른 성질을 잡아당기는 자석의 속성을 가진 자기장이 두루 싸고 있습니다.

이 자기장 안에서 전기를 머금은 시커먼 수소 분자의 전기와 붉게 보이는 탄소 분자의 전기가 서로 마주치게 되면 먼저 천지가 박살이 나는 소리가 납니다. '쾅 찌지지 와르르 콰쾅 쾅' 하면 허공이 찢어지고 만상이 짓뭉개지는 무서운 벼락 소리가 납니다. 이때 하늘과 땅 사이에 숨어 사는 모든 망령과 바이러스 세균 같은 괴귀들이 벼락의 불을 맞고 몰살을 당합니다.

또 산소를 머금은 전기와 탄소를 머금은 전기가 서로 마주치게 되면 뇌성 소리가 어찌나 강력한지 저 허공은 명주천이 찢어지는 소리를 먼저 내고, 땅덩이는 풍비박산이 되는 엄청난 우레 소리를 냅니다.

이 순간은 천하에 다시없는 간 큰 관운장이라도 가슴이 덜컹해집니다. 이 순간만이라도 모든 인간들은 숨긴 허물을 참회하세요. 죄 안 짓고 좋은 일만 하고 살 수 있는 사람은 한 사람도 없습니다. 큰 성인을 제외하고 말입니다.

또 같은 성질의 수소 분자와 수소 분자를 머금은 전기 구름이 서로 마주치게 되면 사람들의 눈에는 번갯불은 구름 사이로 번쩍번쩍하지만 전혀 천둥소리가 울리지 않습니다.

한 번 번개를 치고 천둥을 할 때에 소모되는 진기의 양은 지구촌 인구가 몇 년을 쓰고도 남을 양이라 합니다.

하지만 인류에게는 엄청난 이익이 많습니다. 무엇보다 하늘을 뒤덮고 있는 온갖 나쁜 에너지를 다 소각시키고 인간들의 사악한 악령을 다 태워 버립니다. 혹 인간이나 자연의 피해도 있습니다. 벼락을 맞아 죽는 피해입니다. 벼락을 맞아서 죽는 천벌은 극소수입니다. 이렇게 벼락을 맞아서 죽는 업보는 모두가 전생에 부모와 스승님들에게 세상이 놀랄 오역죄를 저지른 사람들입니다.

어린이 여러분, 여러분은 절대로 부모와 선생님들께 대들고 어른과 스승에게 폭력까지 하는 무서운 오역죄를 범하면 저 하늘이 무심치 않음을 깨달아야 합니다. 그러므로 하늘에서 번개가 한 번 번쩍 하는 순간이라도 모든 잘못을 뉘우치고 참회를 하십시오. 잠깐이라도 뉘우

치고 반성하는 갸륵한 마음의 공덕으로 억겁의 중죄가 다 녹아 버립니다.

오래 묵은 고목들이 벼락을 잘 맞습니다. 오래 묵은 고목에는 자연 방사선이라 이름 하는 지자기가 고목을 타고 승천을 하는 과정에서 벼락을 잘 맞습니다. 물론 고목에 많이 붙어사는 악령을 태워 죽이기도 합니다.

세상의 일반 사람들은 저 우주와 대자연의 모든 물질이나 광물질들이 모두 우리들 마음으로부터 생산되어 나온 물질인 줄을 전혀 모릅니다.

알라! 음욕을 너무 즐기면 몸에 구리와 납이 많이 생기므로 몸이 태산 같이 무거워지고, 신경질인 분노가 심하면 몸에 철분이 많이 생기므로 꿈에 병장기에 찔림을 보게 되고, 부모와 스승에게 예의없고 공경하지 않으면 간뇌에 악성 전류가 많이 일어납니다. 이런 사람이 혹 오뉴월 염천에 소나기구름을 만나 벼락을 맞으면 반드시 두개골 후두부를 뚫고 전기가 들어가서 간뇌를 태워 버립니다. 왜냐고요? 전기한테 물어봐요. "나는 같은 전류를 좋아하니까"라고 대답을 할 것입니다.

모두들 공연히 유식한 체하지들 마세요. 다 옛 성인들께서 가련한 자손들에게 예우나 받으려고 도덕과 윤리를 그렇게도 소중히 다룬 줄을 아세요.

어린이 여러분, 제발 착하게 사세요. 세상에 특히 나라의 지도자들부터 말입니다. 교육은 글자 같은 문자를 가르치는 것이 아니에요. 부모와 스승이 직접 착한 행실을 보여주는 것이 참 교육입니다.

안녕.

산은
어떻게 해서 생겼나요?

일곱 살 먹은 어린아이의 질문입니다.

수백억 년 전에는 이 지구도 태양처럼 펄펄 끓었다고 합니다. 그때에 땅바닥이 부글부글 끓어오르고 용암이 치솟아 오르면서 히말라야 산도 만들고 푹 내려앉으면서 대평원도 만들었습니다. 용암이 죽 끓듯이 하면서 울퉁불퉁한 파도 모양 같은 산들을 만들었습니다.

그래서 저 산들을 멀리서 바라보면 파도치는 바다의 모습과 흡사합니다. 그래서 산을 파도 산이라고도 합니다.

어린이 여러분, 우리가 살고 있는 땅덩어리 속에는 산을 만드는 용암이 항상 부글부글 끓고 있습니다. 땅속이 그렇듯이 우리들의 마음속에도 산을 만드는 울화가 항상 부글부글 끓고 있습니다.

이렇게 수시로 치밀어 오르는 분노를 잘 참고 다스리지 못하게 되면 마음속의 화산이 폭발해서 얼굴도 추하게 울퉁불퉁하게 생기고 전신에는 온갖 나쁜 종기가 솟아오릅니다.

그래서 성질이 나는 대로 부아를 잘 내게 되면, 반드시 몸 밖으로는 부스럼 같은 악성 종기가 생기고, 몸 안으로는 암 같은 악성 종양이 발생하게 됩니다. 그래서 거룩한 분이나 위인을 몰라보고 함부로 화를 내고 대드는 악행을 저지르게 되면 세세생생에 뇌종양 같은 병을 앓게 됩니다. 또한 힘없고 가련한 약자를 성질대로 구타하고 돈이나 물품을 갈취했다면 세세생생에 손발이 뒤틀리고 삭신이 불구가 되는 무서운 과보를 받습니다.

그러므로 화를 잘 내는 악한 성질로 말미암아 세상에 못생긴 박색이 됩니다. 저 화산의 용암이 굳어서 곰보 같은 현무암이 되듯이 말입니다.

안녕.

산은
태양과 가까운데 왜 추울까요?

열 살 먹은 초등학생의 질문입니다.

그렇습니다. 역시 진리의 동자, 법동자가 아니고는 그 누구도 이와 같은 질문을 쉽사리 못합니다.

8,848m나 되는 저 높은 히말라야의 에베레스트 산 정상에 올라가게 되면 당연히 다소라도 태양하고는 거리가 가깝다는 생각이 됩니다. 빛의 거리로 본다면 당연히 높은 고봉에는 태양의 열에 의해서 열대지방처럼 더 더워야 합니다.

그런데 정반대로 고산에 올라가면 올라갈수록 점점 더 추워지는 이치는 무엇이냐고 물었습니다. 오랜 옛날부터 불을 얻는 방법은 여러 가지가 있었습니다. 나무를 서로 비벼서 얻었고, 할아버지가 어려서 본 바로는 쑥을 솜같이 곱게 비벼서 그 쑥을 차돌 밑에 적당히 쥐고는 쇠붙이로 그 차돌을 내리치면, 자연히 불꽃이 일어납니다. 그 쇠붙이와 차돌에서 튀어나온 불똥이 쑥 솜에 붙으면 솜에 붙은 그 불똥을 얼른 입으로 불어서 불꽃을 얻었습니다. 이렇게 해서 불씨를 얻었다는 뜻에서 속칭 '부시'라 했습니다. 부시란 '불씨'라는 말입니다.

마찰의 열을 이용한 방법보다 발전된 기구가 화경(火鏡)이었습니다. 볼록렌즈든 오목렌즈든 그 화경을 높이 들고, 화경의 밑에서 맞추어지는 햇빛의 초점에 보드라운 쑥이나 솜 같은 인화 물질을 적당히 맞추어서 불을 얻는 방법이었습니다.

화경으로 불을 구한 그 이치를 미루어서 생각해 본다면 고산에 오를수록 춥고 낮은 지역은 몹시 덥게 되는 그 이치를 알 수가 있습니다.

그래서 지구의 적도는 펄펄 끓습니다. 저 화경의 비유로 생각을 해 본다면 바로 발화 지점은 아열대 지방이 되었고, 조금 멀리 떨어진 지역은 온대 지방이 되고, 화경의 초점에서 아주 먼 지역은 저 시베리아와 같이 아주 추운 한대 지방이 되었다고 보면 됩니다.

어린이가 물은 질문의 정답은 빛의 면적 때문입니다.

태양빛의 면적이란 무엇인가? 낮은 지방은 태양의 열을 받는 면적이 넓으므로, 지표가 받는 태양 빛의 복사열에 의해서 낮은 평지는 더 덥습니다. 반대로 높은 고산은 태양 빛을 받는 면적이 좁으므로 몹시 춥습니다. 바로 이러한 이치를 잘 이용한 고대 문명의 발상지 이집트로 가 보면 그 이치를 알 수가 있습니다.

바로 피라미드의 신비에 어린이가 물은 정답이 있습니다. 피라미드의 신비는 빛의 공학입니다. 빛의 공학이란 말은 빛을 받는 각도에 의해서 차고 더운 성질이 만들어진다는 뜻입니다.

태양에서 발산되는 열과 밝은 빛은 어떤 사물이 생긴 꼴의 각도 여하에 따라서 태양의 열을 분산시키고 빛을 반사시켜서 사방을 밝게 합니다. 다시 말하면 태양의 엄청난 에너지 장에는 열과 빛이 함께하고 있습니다. 바로 이러한 이치로 태양은 구름에 아무리 가려져도 천지는 환합니다. 환한 빛은 열은 없고 밝기만 합니다.

하늘에 뜬 달의 경우도 그렇습니다. 아무리 달이 밝아도 따뜻한 열감은 느낄 수가 없습니다. 이렇게 태양의 빛은 사물의 각도 여하에 따라서 열이 있기도 하고, 혹 열이 없기도 합니다.

고대 이집트의 피라미드는 인류 지혜의 집대성입니다. 피라미드가 지니고 있는 삼각(三角)은 곧 구각(九角)인데, 그 각의 면은 환한 빛만을 받아들일 뿐 태양의 열은 모조리 밀어냅니다. 그 증거로 피라미드의 실내 온도는 언제나 0도입니다.

어째서냐 하면, 피라미드의 삼면은 같지만 삼면이 가진 각은 실제로 구각(九角)이 됩니다. 이 구각의 면에 태양의 열과 빛이 동시에 부딪치게 되면 빛의 밝기는 별나지만 태양의 열기는 모조리 반사가 됩니다.

그래서 피라미드의 중심 내부의 온도는 항상 제로(0)가 됩니다. 반대로 밖으로 반사되는 반사광은 오히려 찬란하게 밝습니다. 그래서 피라미드와 같이 생긴 히말라야 산들은 높을수록 춥고, 밝기로는 찬란하게 보입니다.

안녕.

사막은
왜 생기나요?

열 살 먹은 초등학생의 질문입니다.

지금으로부터 오만 년 전에는 지금의 저 사막은 사람이 살기에 좋은 꿈의 동산이었습니다. 그런데 세월이 가면서 사람들은 남녀가 서로 붙어서 타락을 했습니다. 태초에는 이성간에 서로 눈으로 보기만 해도 성적 욕구가 다 만족되었습니다. 그러므로 굳이 성적 행위를 하지 않아도 조건 없는 행복이 넘쳤습니다.

그래서 저 천상의 사람들은 지금도 다 눈을 서로 맞추는 것으로 만족을 합니다. 그런데 인간들은 배꼽 밑의 성희로 살아갑니다. 그 지나친 성희의 변태심리로 대지는 점점 불모지로 변해 갔습니다. 인간은 본래로 천상에서 퇴화되어 내려온 존재입니다. 그러므로 동물과 달리 성을 부끄럽게 생각하고 멀리하는 천심이 다 있습니다. 천심은 저들의 기쁨이 곧 나의 행복이 됩니다. 이 같은 천상 사람들의 사랑이 성적 변태심리로 다 메말라 버렸습니다. 그래서 온 대륙은 서서히 사막이 되어 가고 있습니다.

지구촌 인류학자들은 심각한 고민에 빠져 있습니다. 온 대륙이 사막이 되어 가고 있기 때문입니다. 이러한 사막화 현상은 우리들의 마음이 부른 재앙입니다. 그래서 성인들은 억조창생에게 성을 멀리하는 금욕세를 추상같이 시키라고 하셨던 것입니다.

어린이 여러분, 할아버지의 이야기를 깊이 새겨 두세요.

안녕.

땅속은
어떻게 되어 있어요?

일곱 살 먹은 어린아이의 질문입니다.

땅속의 중심점은, 지금 우리가 살고 있는 지표에서 약 5,100㎞ 아래에 있습니다. 그 지구 중심 층에는 6천 도나 되는 핵이 부글부글 끓고 있습니다. 지구의 중심에는 핵풍이라고 이름 하는 엄청난 바람이 약 2,400㎞를 휘감아 돌고 있습니다. 그리고 그 핵풍권 밖으로 약 290㎞까지의 공간은 불꽃이 돌고 있다고 해서 화륜층(火輪層)이라고 합니다. 이 화륜층 바로 위가 용암이 굳어져서 만들어진 지각층(地殼層)이 되고 있습니다.

이 지각층 바로 위로 120㎞까지는 흙으로 덮여 있습니다. 흙이 지구를 두루 덮고 있다고 해서 이를 토륜층(土輪層)이라고 합니다. 흙으로 싸인 토륜층의 깊이가 약 120㎞나 됩니다. 이 토륜층 바로 위가 지금 우리가 살고 있는 대륙입니다.

이 대륙을 감싸고 돌면서 대지를 촉촉이 윤택하게 하고 잘 보호하면서 오래 유지시키는 수륜층(水輪層)이 있습니다. 이 수륜층의 대표적인 모태는 지구를 삼분의 이나 덮고 있는 저 바다가 지닌 열 가지 불가사의입니다. 바다의 십불가사의(十不可思議)를 예로부터 용궁(龍宮)이라 했습니다. 곧 바다는 신비의 용궁이 되고 있습니다.

이것이 할아버지가 알고 있는 지구 구조의 전체적인 설명입니다. 이 학설은 불경에 기록된 학설입니다. 비록 정확한 학설은 못 된다고 하더라도 우리는 다소라도 지구를 이해하는 좋은 상식이 될 것입니다.

안녕.

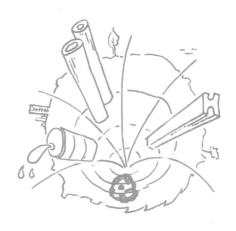

우주는
어떻게 해서 생겼고, 끝은 있나요?

일곱 살 먹은 어린아이의 질문입니다.

어린이 여러분, 우주(宇宙)라는 단어의 뜻부터 간단히 설명을 할게요.

우주의 우(宇)는 집 우(宇) 자로서 허공 같은 공간을 말합니다. 주(宙)는 집 주(宙) 자로서 시간을 말합니다. 허공 자체도 돌고 돌기 때문에 시간이 생겼습니다. 그래서 허공 같은 공간도 돌고 돎으로 흐르는 시간과 다르지를 않으므로 공간과 시간을 통칭 우주라 부르게 되었습니다.

허공인 공간과 흐르는 시간을 우주(宇宙)라 이름 한 큰 이유는 허공과 시간은 서로 섞여서 흡사 맑은 물에 흙을 넣은 것처럼 서로는 혼탁하게 혼돈되어 있습니다. 그래서 허공 가운데서도 시간을 찾을 수 없고 시간 속에서도 허공을 찾을 수가 없습니다. 이를 부처님은 겁탁(劫濁)이라 했습니다.

그러므로 마음을 고요히 멈추면 공간도 시간도 다 멈추어 버립니다.

어린이 여러분, 마음이 고요해져서 우주가 생겼다고 합니다. 불경에서 다 밝히고 있습니다.

우주는 우리들의 마음이 고요한 쪽에서 생겼다고 합니다. 그래서 모

276

든 종교에서는 고요한 마음을 만드는 지혜로 비우고 비운다는 뜻의 기도를 합니다. 그러므로 천국으로 가는 고속도로는 마음을 비우고 비우는 명상에 있습니다. 그래서 모든 종교에서는 마음을 고요히 하는 침묵을 그렇게도 소중히 생각하고 있습니다.

기도(祈禱)란 우리말 뜻으로는 '마음을 비우고 비우다'입니다. 왜냐고요? 저 우주를 고요하게 잠재우는 자장가가 곧 기도이기 때문입니다.

우주의 끝이 있냐고 하면, 있습니다. 다만 마음 뒤에 있는 태양의 십조 배나 밝은 묘각이 활짝 열리신 각자들에게만 우주가 끝이 있습니다. 그분들에게는 우주란 실재하지도 않기 때문입니다.

마치 태양빛 속에는 어둠이 있을 수가 없는 것처럼 깨달은 성자들에게는 눈에 헛꽃으로 생긴 비눗방울 같은 허공이 있을 수가 없습니다.

하지만 우리 같은 마음을 가지고 있는 중생들은 물거품 같은 허공 가운데서 살고 있기 때문에 허공의 끝이 있을 수가 없습니다.

안녕.

달나라에는
언제 갈 수 있나요?

할아버지가
알려주는
100문 100답

091

　다섯 살 먹은 어린아이의 질문입니다.

　구소련의 지식을 빌어서 미국이 이미 달나라에를 갔다 왔습니다. 이 제는 달나라보다도 더 멀고 더 좋은 세계로 우주여행을 마음대로 가게 될 시대도 곧 올 것입니다.

　지금 러시아, 미국, 중국이 이미 우주 정거장을 만들고 있습니다. 머잖아 여러분들을 우주선에 태워 가지고 달나라 별나라로 여행을 시킬 그 날이 올 것입니다. 이러한 미래 우주여행을 시도하는 온갖 연구와 개발을 위한 엄청난 투자를 선진국에서는 하고 있습니다.

　머잖아 우주 과학자들은 지구와 같은 신대륙을 곧 발견할 것입니다. 지금 우리가 살고 있는 지구촌에서 서북쪽으로 태양계 120개를 지나가면 '울단왈'이라고 이름하는 세계가 있습니다. 이를 곧 발견하게 될 것입니다.

　이 세계는 우리 지구와 똑같은 환경 조건을 다 잘 갖추고 있습니다. 지금 이 지구는 앞으로 3억 년이 지나면 자연스럽게 서서히 펄펄 끓기 시작합니다.

지구가 하나의 불덩어리가 되어 다시 새로운 유리의 대지로 변천되는 그 과정이 약 40억 년에서 50억 년이 걸립니다. 지금 이 지구가 약 50억 년 후에는 새롭게 단장을 하게 됩니다. 투명한 유리의 대지가 됩니다.

이 지구가 새롭게 단장을 하는 동안 지구촌 중생들을 한시적으로 이민을 시키게 됩니다. 이민국으로 선정된 세계가 울단왈이란 신대륙입니다. 울단왈은 지구촌 중생들의 생리에 가장 적당하기 때문입니다.

반드시 미래에 지구촌 중생들은 이민을 가야 합니다. 이미 제불보살들의 염력으로 선정이 되어 있습니다. 울단왈은 산도 좋고 물도 너무나 좋습니다. 지구촌하고 비길 수는 없지만 지구촌 중생의 생리에 적당하다는 것뿐입니다. 살기 좋기로는 지구촌 인간들의 상식으로는 상상을 초월하는 세계입니다. 반드시 저 살기 좋은 세계로 잠깐 이민을 시킬 것입니다.

이때를 대비해서 벌써부터 힘 있는 나라들이 우주 정거장을 만들고 있습니다. 앞으로 중국은 인도의 지혜를 빌어서 우주 물리에 선두 주자가 될 것입니다.

광속의 우주선이 조만간 곧 개발될 것입니다. 앞으로 1억 년 후에는 반드시 울단왈이란 신대륙을 발견합니다. 그 국토에 사는 사람들은 너무나 선량합니다. 모두 십선(十善)을 구족하고 있기 때문에 여러분들도 그 신비로운 신대륙을 희망한다면 지금부터 반드시 열 가지 착한 공덕

을 닦아야만 합니다. 이 열 가지 착한 공덕을 심어 놓아야만 저 세계로 여행을 갈 수 있는 티켓을 얻습니다.

부디 착하게 자라서 훌륭한 사람이 되세요. 요즈음 사람들은 예절이라고는 털끝만큼도 없습니다. 이런 나쁜 시대에 여러분은 자라고 있어요.

어린이 여러분, 할아버지의 이야기를 깊이 새겨서 우선적으로 예절 바른 사람이 되세요. 부모와 선생님을 늘 공경하고 뉘라 없이 내기 모든 이에게 먼저 절을 하게 되면 저절로 몸에서는 천상의 향기가 납니다. 이렇게 향기로운 사람은 반드시 안락국 울단왈에서 국빈의 예우로 반갑게 맞이할 것입니다.

안녕.

십선(十善) : 몸과 말과 뜻으로 지키는 열 가지 청정한 일로
(1) 불살생(不殺生): 사람이나 동물 등 살아 있는 것을 죽이지 않음.
(2) 불투도(不偸盜): 재물을 훔치지 않음.
(3) 불사음(不邪婬): 음란한 짓을 저지르지 않음.
(4) 불망어(不妄語): 거짓말이나 헛된 말을 하지 않음.
(5) 불악구(不惡口): 남을 괴롭히는 나쁜 말을 하지 않음.
(6) 불양설(不兩舌): 이간질을 하지 않음.
(7) 불기어(不綺語): 진실함이 없는 꾸미는 말을 하지 않음.
(8) 불탐욕(不貪欲): 탐내어 욕심을 부리지 않음.
(9) 부진에(不瞋恚): 성내지 않음.
(10) 불사견(不邪見): 그릇된 생각을 일으키지 않음을 말한다.

전기란 무엇이고
원자력이란 무엇인가요?

여덟 살 먹은 초등학생의 질문입니다.

전기는 우리들의 몸에 흐르고 있는 정신 신경과 같은 우주 정신 신경의 에너지입니다. 우리들 눈이나 귀나 코나 몸이나 느끼는 감각기관에 정신 신경이 흐르지 않는다면 사람도 마치 나무토막처럼 무감각하게 되어 버립니다. 지구상에 전기가 돌고 있지 않다면 자연계의 식물들도 죽은 송장과 같아집니다. 전기는 우주를 두루 품어 안고 있습니다.

이 전기가 생기게 된 이치를 밝히면 다음과 같습니다. 묘각의 빛으로 굳어진 금성의 자기장이 끝없는 허공계를 두루 싸고 있습니다. 그래서 허공이 깨어지지 않습니다.

우주가 돌아갈 때 생기는 바람이 있습니다. 이를 풍륜이라 합니다. 이 풍륜이 허공을 품어 안은 자기장과 극렬하게 마찰될 때에 우주적인 전기가 일어납니다. 이렇게 해서 일어난 전기가 온 세계를 두루 머금고 있습니다.

지금 지구촌에서 개발해서 쓰고 있는 전기는 우주 전기장의 비늘을 조금씩 따온 것입니다. 달리 말하면 전기의 비늘입니다. 이 전기 비늘을 인공적으로 개발해서 쓰고 있습니다. 옛날에는 수력이나 화력을 이용한 전기발전소가 있었습니다. 그런데 요즈음은 온 세계가 핵발전소를 가지고 있습니다.

전기를 얻는 간단한 방법은 양극을 가진 자석을 연철로 마찰시키면 전기가 일어납니다. 전기는 시방세계를 두루 머금고 있기 때문에 무슨 물질이든지 마찰을 시키면 자연스럽게 다 일어납니다.

그럼 원자력은 무엇일까요.

우라늄이라고 하는 핵물질이 있습니다. 별난 돌 속에 숨어 있는 이상한 물질을 축출해서 쓰는 기술을 핵물리학이라 합니다. 이를 통해 축출한 물질을 우라늄이라 합니다. 이 우라늄이 분해될 때에는 엄청난 열이 일어납니다. 이 열을 이용해서 물을 끓입니다. 물이 끓을 때 엄청난 폭발력을 가진 수증기가 생깁니다. 이 수증기로 전기를 일으키는 터빈을 돌립니다. 이 터빈을 돌려서 얻는 전기를 우리는 잘 쓰고 있습니다.

핵물질인 우라늄은 본래로 우리들 정신 가운데서 분노를 일삼는 분심(忿心)이 쌓이고 쌓이면 일단 카바이드 같은 발열성 물질이 됩니다. 이 같은 발열성 물질들이 수십억 년 동안 지구 중력장 속에서 고압으로 농축되면서 빛을 내는 88종의 수은성 핵물질이 됩니다. 이 핵물질이 다양한 광석들 속에 숨어 있다가 밖으로 축출되어 나오게 되면 우라늄이라 이름 합니다.

또 우라늄을 특수 용광로에 넣어서 분열시키면 이때에 엄청난 열을 내게 됩니다. 이 열로 온갖 기계를 돌리면 원자력이라 합니다.

안녕.

미래는 어떻게 될까요?
어떤 모습일까요?

열세 살 먹은 초등학생의 질문입니다.

앞으로 올 날을 미래(未來)라 합니다. 미래는 항상 발전밖에는 모릅니다. 그러므로 미래의 모습은 항상 새롭게 발전합니다. 발전은 온 인류가 피나는 노력에서 이루어집니다.

피나는 노력의 결실은 언제나 위대하고 찬란한 영광입니다. 그러므로 어린이 여러분들은 세상에 몹쓸 사이비 종교인들이 말하는 말세 이야기는 믿지 말아야 합니다. 최근에는 외국 영화에도 자주 지구 종말의 참상을 보여주고 있습니다.

어린이 여러분, 지금으로부터 2,000여 년 전 예수님께서 세상에 출현하셨을 때에도 지구는 곧 멸망한다고 야단법석을 떨었습니다. 하지만 지구는 망하기는커녕 2,000년 동안 점점 발전에 발전을 거듭해 왔습니다.

어린이 여러분들은 미래를 점치는 이상한 정신병자들을 만나면 안 돼요. 세계 종말론이나 펴고 다니는 쓸데없는 사람들을 멀리하세요.

어린이 여러분, 전해 오는 세계 종말의 참혹한 말세 이야기들은 모두가 나 자신이 죄를 많이 짓고 악하게 살다가 죽음에 이르렀을 때에만 보게 되는 자기 말세의 정신 환각 현상들입니다. 마치 술에 취한 사람이 세상이 빙글빙글 도는 것으로 보는 것처럼 말입니다. 제 눈에 빙빙 돈다고 해서 천지가 실제로 돌아가는 것은 아닙니다.

정반대로 착하게 살면서 남에게 좋은 일을 많이 한 사람들은 죽음에 이르게 되면 세계 종말론자들이 말하는 무시무시한 파괴 현상이 아니고, 온 천지가 광명으로 환하게 빛남을 보고 그 빛을 타고 천상세계나 극락세계 같은 지극히 좋은 안락국으로 환생을 합니다.

지금까지 전해 오는 세계 종말의 전설들은 모두가 극악무도한 중생들이 스스로 지옥으로 들어갈 때, 세계가 무너지고 멸망하는 것을 보고, 자신이 그 불더미나 파도나 바람을 타고 지옥으로 들어갈 때의 얘기들입니다. 하기야 종교를 등에 업고 세계 종말설이나 퍼트리는 광신자들은 정신이 이상한 사람들입니다.

이런 무리는 세상 사람을 신의 이름으로 잔뜩 겁먹게 한 다음 그들의 영혼을 신의 노예로 만듭니다. 그렇게 한 다음 반드시 그들의 재물과 몸을 빼앗습니다. 이런 부류들이 죽을 때에는 그들이 말하는 이상으로 무시무시한 세계 종말의 불더미나 물과 바람을 타고 지옥으로 갑니다. 모든 종교인들이 말하는 말세론은 결국 자신들의 미래를 보는 얘기들입니다.

어리석은 사이비 광신자처럼 허무맹랑한 신념을 버리고, 지금 현재를 보람 있게 사는 사람들은 목숨이 다하여 저승으로 갈 때에는, 온 천지가 서광으로 찬란함을 보고 스스로 그 빛을 타고 천당이나 극락으로 갑니다. 이렇게 듣기 좋은 인생 종말론 얘기는 모두 들은 적이 없을 것입니다.

어린이 여러분, 꼭 잘 들어 두세요. 독한 술에 심하게 취한 사람은 자기의 눈에 천지가 빙글빙글 돌아가는 현상을 봅니다. 제 스스로 술에 취해서 보는 환상을 가지고 온 세상 사람들도 저와 함께 천지가 빙빙 도는 가운데 있다고 착각을 하는 현상과 똑같습니다. 이렇듯 세계 종말 얘기들은 모두 자기 자신이 죽어갈 때에 보게 되는 환각 현상들입니다. 그래서 모두가 허무맹랑한 망언들입니다.

반대로 술을 싫어해서 먹지 않는 사람처럼 악을 싫어해서 착하게 산 사람들은 정신이 멀쩡하기 때문에 하늘과 땅은 항상 밝은 빛 속에서 그대로 변함 없음을 봅니다.

하지만 저 죄 많은 악업 중생들은 꼭 술 취한 사람처럼 무시무시한 환각 현상들을 실제로 봅니다. 반대로 착한 사람은 죽을 때에 천지가 환하게 서광으로 빛남을 보고 그 빛을 타고 천국으로 직행을 합니다.

보통 일반 악업 중생들도 임종을 맞게 되면 세계와 일체 모든 중생들이 다 자기와 함께 멸망하는 비참한 꼴을 보면서 자신도 그들과 함께 처절한 비명을 지르면서 지옥으로 들어갑니다. 지옥에 가서도 제 혼자가 아닌 것이 신기합니다.

우주와 내가 하나라는 뜻에서 범아일여(梵我一如)라 합니다. 우주와 내가 하나라는 의미는 지금 우리가 쓰고 있는 마음이 이 우주와 세계를 만들 때에 마음이 고요해서는 저 무변 허공계가 되었고, 뇌동하는 번뇌 망상의 티끌이 쌓여서는 시방세계가 되었습니다. 그러므로 이 몸이 무너질 때는 저 하늘이 휴지처럼 짓뭉개지는 괴이한 현상이 일어납니다.

그리고 자신의 육체에 대비된 온 세계도 망가지는 모습을 보게 됩니다. 또한 세계에 살고 있는 억조창생들이 함께 다 죽는 꼴을 보고서 불과 바람을 타고 지옥이나 타방 무간지옥으로 가는 것을 보게 됩니다.

지금 현재 우리들의 몸은 사대(四大)라고 이름하는 지수화풍으로 되어 있습니다. 그래서 지금 이 몸이 죽어서 사대육신이 무너지게 되면, 반드시 먼저 대지(大地)가 부서지는 모습을 보게 됩니다. 그 다음으로 죄의 경중에 따라서 불이나 물이나 바람을 타고 악도로 들어감을 보게 됩니다.

또 일체중생이 다 같이 동반 자살을 하는 모습을 보게 되는 것은, 지금 내 육신 속에는 무량한 기생충들이 살고 있습니다. 그 기생충인 벌레 말고도 육체를 이룬 세포 하나하나에도 무량한 영자들이 살고 있습니다. 자기 자신의 육신이 죽음으로 해서 그 모두가 같이 따라 죽는 비참한 모습을 봅니다. 저 무량한 세포들도 저와 같이 따라서 비참하게 죽기 때문에 비록 내 한 몸이 죽을지라도 온 세계의 인류가 다 함께 동반 자살을 하는 모습을 보게 됩니다. 분명히 제 혼자서 죽으면서도 말입니다.

어린이 여러분, 지금 할아버지가 하는 이야기는 다 팔만대장경 안에 있는 말씀입니다. 믿고 말고는 자유입니다. 하지만 실제로 제 마음이 무엇인 줄도 전혀 모르는 저 세상 사람들이 함부로 떠들어대는 세계 종말의 얘기에는 절대로 귀를 기울이면 안 됩니다. 다만 내 개인의 종말이 두려워서도 착하게 사세요.

안녕.

도대체
마음은 어떻게 생겼나요?

열세 살 먹은 초등학생의 질문입니다.

저 허공이 어떤 모양도 없듯이 우리의 마음은 어떻게도 생긴 꼴이 없습니다. 바로 이 꼴 없는 마음을 어떻게든 잘 쓰라는 말씀은 한량이 없습니다. 하지만 마음의 실제 모습에 관해서 그 누구도 밝히신 바가 없었습니다. 지구상에 단 한 분이 계셨습니다. 석가모니 부처님이십니다. 부처님은 일생 동안 지금 어린이가 물은 마음의 실제 모습에 대해서 구체적으로 밝혀 놓으셨습니다.

많은 경전 중에서도『수능엄경』이 바로 그 마음의 실상을 구체적으로 밝힌 경전입니다. 수능엄경은 어린이 여러분들이 앞으로 배울 모든 과학의 백과사전입니다.

지금부터 마음이 생기게 된 까닭을 밝혀 보겠습니다.

우리들의 마음을 환하게 다 깨닫고 아는 자를 묘각이라 합니다. 묘각(妙覺)은 본래로 묘하게 밝다고 해서 명묘(明妙)하다고 합니다.

비유로 마음의 생원설을 설명하겠습니다.

태양은 명묘한 묘각과 같습니다. 그 명묘한 태양에서 밝은 빛이 나왔

287

습니다. 그 빛을 각성이라고 합니다. 그 묘명하게 밝은 각성의 여명에서 마음이 생기게 되었습니다. 여명이란 저녁노을과 같은 현상을 말합니다. 바로 이 각성의 여명은 우리들의 마음입니다. 지금 우리들의 마음은 이렇게 해서 생기게 되었습니다.

각성의 여명이 곧 마음인데, 또 그 마음 가운데서 의식과 잠재의식과 무의식이 생기게 된 까닭을 설명하겠습니다.

묘각과 같은 태양이 서산에 넘어가면 한시적으로 훤합니다. 저 훤한 영역은 마음의 속성 가운데서 깨닫고 아는 의식계가 되었습니다. 또 훤하던 밝음이 점점 어둑해져서 혼침한 영역은 마음 가운데서 의식과 무의식을 교감시켜 주는 중간자와 같은 잠재의식계가 되고 있습니다. 또 어둑하다가 마침내 캄캄한 영역은 마음의 속성 가운데서 무의식계가 되고 있습니다.

묘각의 빛 각성의 여명으로 생긴 마음에서 의식과 잠재의식과 무의식이 나왔습니다. 이 세 개의 의식이 음성과 양성으로 갈라지면서 안이비설신의(眼耳鼻舌身意)라 하는 기관을 만들고, 그 기관에는 육식(六識)이 깃들게 되었습니다. 바로 그 육식은 다름 아닌 식심(識心)이라 하는 마음입니다. 이 육식이 배꼽을 중심해서 상하좌우로 감쳐 돌면서 12신경계를 창조해 내었습니다. 바로 이 12신경이 또 분열하면서 전신을 두루 품고 있는 정신 신경이 안과 밖으로 교감되고 사념 망상이 끝없이 일어나게 되었습니다. 이를 우리는 마음에서 일어나는 생각이라 합니다.

어린이 여러분, 이 정도만 들어 두어도 심리학 박사과정은 충분합니다.

안녕.

1 더하기 1은 왜 2인가요?

일곱 살 먹은 어린아이의 질문입니다.

어린이 여러분, 참 좋은 질문을 했습니다.

세상에 모든 수학이나 문학은 다 인류의 약속 언어라고 정의를 합니다.

여러분들이 1 더하기 1은 2가 된다고 안 것은 빨라도 네 살, 혹은 다섯 살 때였을 것입니다. 분명히 부모나 형제자매나 유치원의 선생님들로부터 듣고 익혀서 알았을 것입니다.

누구나 초등학교를 다니면서 더하기(+), 빼기(−), 곱하기(×), 나누기(÷) 하는 수학의 공식을 모두 외워서 수리를 잘 풀게 됩니다. 그래서 배운다고 하는 말의 뜻은 부모와 주위의 사람들로부터 보고 들은 지식을 기억해서 쌓아 나아가는 전 과정을 말합니다.

여러분들이 점점 성장해 가면서 선생님들로부터 배우게 될 일반 보통 산술보다도 더 어렵고 난해한 고등수학도 다 배워서 알게 됩니다. 왜 이렇게 어려운 수학도 배워야만 하는가? 모두가 나의 뜻을 상대방에게 가장 쉽게 전달하는 데 그 목적이 있습니다. 수학도 일종의 전문 용어들입니다.

그래서 아무리 수준 높은 고등수학이라도 그 뜻은 우리말과 같은 의미로 전달하는 언어입니다. 이러한 모든 수학과 문학은 온 인류가 주고받는 약속의 언어입니다.

보라, 저 시간을 알리고 물건의 값을 알리는 등 저 모든 숫자들이 바로 말을 하는 언어의 대용이 되고 있습니다. 세계인의 말을 전달하는 문자들은 더 말할 나위도 없습니다. 그래서 모든 학문은 온 인류가 약속한 의사전달의 언어가 되고 있습니다.

어린이 여러분이 이 할아버지로부터 잘 듣고 꼭 알아 두어야 할 수학의 지식이 있습니다. 먼저 더하기(+)는 우주 만물이 처음으로 생길 때에 무량한 원소의 분자들이 화합되어야만 물체로 형성이 됩니다. 그래서 더하기(+) 십자표는 모든 만물이 생겨난다고 하는 생(生)을 의미합니다.

또 빼기(−)는 저 우주의 천체들이 허공에서 균형을 잡고 머물러 있자면 텅 비어 있는 공간은 마이너스(−) 에너지로 꽉 차 있어야만 합니다. 그래서 빼기(−)를 머물러 있음을 의미하는 주(住)로 표기합니다.

또 곱한다고 하는 곱하기 표(×)는 우주의 만물이 천변만화로 변이(變異)하는 조화를 의미합니다.

또 분해를 해서 나눈다는 뜻의 나누기 표(÷)는 만물이 생겨나서는 잠시 머물다가 서서히 변하면서 마침내 소멸되어 없어진다는 소멸을 상징합니다.

어린이 여러분, 앞으로 여러분들이 고등학교에 가면 반드시 고등수학을 배웁니다. 그 고등수학에서 물질을 원소로 돌아가게 하는 공식을 미분이라 하고, 또 원소가 진공으로 돌아가는 공식을 적분이라 합니다.

또 꼭 정한 법이 없는 이치를 밝히는 수식의 공식표가 있습니다. 이를 파이(π: 3.14)라 합니다. 이 세상에 모든 만물은 하나도 똑같은 것은 없습니다. 그 같은 것 없음을 밝히는 불가지수의 도표가 원(元), 파이(π : 3.14)입니다.

어린이 여러분들은 수학 공부에 있어서 모든 수식 도표가 암시하는 의미를 이렇게 간단히라도 알고 공부해야만 만법의 이치를 잘 알게 됩니다.

안녕.

돈이면
무슨 일이든 다 되나요?

열두 살 먹은 초등학생의 질문입니다.

돈으로 무슨 일이든 다 되지는 않습니다. 단, 복덕성은 만사형통이 됩니다. 그래서 옛날부터 복덕성을 여의주라고 합니다. 절에 가면 대웅전 귀퉁이에 지붕을 등에 업고 있는 용들이 입에 둥근 구슬을 물고 있습니다. 이것이 여의주(如意珠)입니다.

왜 여의주가 공처럼 동그랗게 생겼는가 하면 두루 다 통한다는 뜻에서입니다. 저 여의주와 같은 복덕이 있으면 안 되는 일이 없습니다. 부처님도 되고, 하늘을 다스리는 하늘의 왕도 됩니다.

이렇게 복덕만 있으면 다 됩니다. 그러면 어떻게 하면 복덕을 얻을 수가 있을까요?

간단합니다. 복덕을 짓는 공장은 우리들 주변에 가득합니다. 여러분 바로 곁에서 여러분들을 보살펴 주시는 부모님과 글공부를 잘 깨우쳐 주시는 선생님들이 바로 복덕을 짓게 해주시는 복전(福田)입니다. 그러므로 부모와 선생님께 항상 절을 해야 합니다. 절하는 예절에서 만복이 생깁니다.

이러한 착한 예절의 공덕이 없는 사람들을 보세요. 우리들 주변에는 숱하게 보입니다. 남의 신세로 살아가는 가련한 분들이 바로 복덕이 없는 분들입니다. 몸이 있으나 제대로 쓰지 못하면 신덕이 없다고 합니다. 그리고 또 머리는 있으나 머리를 잘못 굴리는 뇌성 장애자는 지덕이 없다고 합니다. 또 입고, 먹고, 자고 하는 의식주가 늘 궁한 사람을 박복한 사람이라 합니다.

돈 많은 부자들은 이생에서 열심히 일도 많이 하지만 전생에 궁한 사람을 많이 도와주신 분들입니다. 그래서 부귀영화를 누리고 잘 삽니다. 이렇게 복덕은 안 되는 일이 없으나 돈은 아닙니다. 돈만으로 무엇이나 다 되지는 않습니다.

지금 할아버지가 평생에 잊지 못하는 아름다운 이야기 한 토막을 알고 있습니다. 들려 드릴게요.

돈으로 안 되는 것

세계에서 제일가는 두 부자가 있었습니다. 한 사람은 미국 부자 록펠러고 한 사람은 세계 해운업의 거부 오나시스입니다. 이 두 장자는 친분이 두터워서 서로 만나서 시간을 보내는 특별한 호텔이 있었습니다.

어느 날 둘이 서양장기 체스를 두다가 서로 말씨름이 붙었습니다. 록펠러가,

"세상에는 돈이면 안 되는 일이 없다."고 하자 오나시스는,

"아니야. 돈으로 다 되는 것은 아니다."라고 했습니다. 이렇게 서로 말씨름을 하는데, 그때 마침 젊은 거지가 지나갔습니다. 두 백만장자는 그 거지를 불러서 실험을 해 보기로 했습니다.

"여보게, 젊은이. 나 좀 보게."

무심코 지나던 젊은 서지가 깜짝 반기면서 두 거부 앞에 굳은 표정으로 섰습니다. 록펠러가 그 젊은이에게 백만 불짜리 수표 석 장을 건네주면서,

"자네는 이 돈을 자네 마음대로 다 쓰고 난 다음 우리 두 사람 앞에 와서 이 돈을 다 쓰게 된 경과만 보고해 줄 수 있겠나?" 하고 말했습니다. 뜻밖의 큰 횡재에 놀란 거지는 고개만 두어 번 갸우뚱해 보이고는 그 돈을 받아 가지고 무엇에 놀란 사람처럼 정신없이 밖으로 뛰쳐나갔습니다.

두 거부는 서로 약조를 했습니다. 록펠러가 먼저,

"만약 저 사람의 입에서 돈이면 다 되더라고 하면, 자네는 나에게 삼백만 불을 주고, 만약에 저 사람의 입에서 돈만 가지고 다 되는 것은 아니라고 한다면 내가 자네에게 삼백만 불을 주겠네." 하면서 서로 웃으며 약조를 했습니다.

가난했던 알몸 거지가 뜻밖에 엄청난 돈을 호주머니에 넣고 보니 제일 먼저 생각 나는 것이 먹을 것이었습니다. 그래서 찾아간 곳은 호텔의 뷔페였습니다. 무엇보다 배가 고프니 잘 먹고 보자는 심산이었습니다. 거지 신세로는 오나가나 문전박대였습니다. 뜻밖에 부자가 된 거지는 미국에서 제일 음식 값이 비싸다고 소문난 호텔을 찾아갔습니다.

그러나 호텔 문전에서부터 경비원이 막았습니다. 경비원을 밀치고 들어가서 제일 비싼 음식을 주문을 하니까 직원들이 눈을 부라리며 거절부터 했습니다.

화가 벌컥 난 거지가,

"당신들은 링컨 할배의 노예 해방도 모르나?" 하고 소릴 쳤습니다. 놀란 직원들이 주문한 음식을 내어놓았습니다. 세상에 꿈만 꾸었던 좋은 음식을 배불리 먹고 나서 계산대 앞에 서서 누더기 호주머니 속에서 백만 불짜리 수표 한 장을 꺼내어 주니 계산대 경리가 놀라서 멍청히 서 있었습니다.

"어서 거스름돈이나 내 주세요." 하고 독촉을 했습니다. 호텔 지배인이 달려와서 사정을 보니 밥 한 그릇 값 때문에 호텔 사장한테 거스름돈 문제를 보고 드려야 할 사안도 못 되고 해서,

"그냥 어서 나가기만 해주세요." 하고 거지를 내보냈습니다.

그 거지가 다음으로 생각나서 찾아간 곳은 이발소였습니다. 뭐니 뭐니 해도 외모는 다듬고 보아야 하겠다는 생각에 이발소를 찾은 것입니다. 이발소에서도 한바탕 소동이 일어났습니다. 이발을 잘 끝내고 이발료를 주겠다고 또 그 백만불짜리 수표를 내놓았더니 이발사가 얼마나 속이 상했던지,

"여보쇼, 거지 양반. 나라 안에 있는 이발소를 몽땅 사쇼." 하고 벌컥 화를 내면서 확 떠미는 바람에 밀려나온 후 간 곳이 최고급 양복점이었습니다. 우선 잘 입고 보아야겠다는 속셈이었습니다. 이것저것 겁 없이 함부로 골라잡는 주책없는 거지를 지켜보던 점원이 달려와서,

"값이나 좀 물어보고 골라요" 하며 소릴 칩니다. 거지는 들은 척도 않

고 최고급 양복을 골랐습니다. 그 옷을 잘 차려입고는 얼마냐고 묻지도 않고 또 그놈의 백만 불짜리 수표를 꺼내 주었습니다. 시간이 없으니 어서 거스름돈이나 빨리 내놓으라는 표정이었습니다. 양복점 주인이 명하니 서 있다가 우선 저 거지를 몰라보고 푸대접도 한 죄도 있고 하니 '어서 나가만 주세요.' 하는 심정으로 확 미는 바람에 밖으로 떠밀려서 나왔습니다.

배부르고 등 따시니 그 거지의 발길이 닿은 곳은 국제 미녀들이 머무는 환락가였습니다. 마음이 끌려서 찾아간 호화 별장에 들어서자 거지의 심신을 녹일 심상찮은 여인이 있었습니다.

첫눈에 반한 그 여인의 매력은 천하 명인들을 치마폭에 감싸고 놀았던 절세미인은 아니었습니다. 그러나 쉽게 범접 못할 기품에 청순하고 소박한 지성미가 철철 넘쳤습니다.

여성으로서의 필수 덕목인 곱고 부드러운 아름다움도 있었지만 무언가 알 수 없는 비밀스러운 신선미에 거지는 가슴이 떨렸습니다. 그래서 일단 사랑에 굶주렸던 거지는 날이면 날마다 그 신비스러운 여인에게 붙어살았습니다.

허구한 날 붙어 다니면서 결혼을 해주십사 하고 애걸복걸 청혼을 했

습니다. 하지만 몇 달 몇 날을 빌어 보았지만 청혼만은 들어주지 않았습니다. 이미 거지도 지쳐 버렸습니다. 그래서 마침내 결심을 했습니다. 돈이면 무엇이든 다 될 줄만 알았던 자신의 어리석은 모습이 싫어졌습니다. 진정한

사랑은 돈으로 되는 것이 아님을 깨달았습니다.

어느 날 자신의 몸에 남은 돈을 참으로 사랑했던 그 여인에게 다 털어주면서 애원을 했습니다.

이제 그 삶을 청산하라고 부탁을 했습니다. 언제라도 마음에 와 닿는 연인을 만나거든 결혼해서 잘 살아보라고 눈물로 호소했습니다. 그때 그 여인은 이런 이야기를 했습니다.

"나는 시골에서 홀어머니를 모시고 어렵게 살았습니다. 그러던 어느 날, 어머니가 급성 맹장염으로 몹시 배가 아파서 뒹굴고 있었습니다. 그 모습을 차마 볼 수가 없어서 어머니를 등에 업고 가까운 병원을 찾아갔습니다. 그런데 그 병원의 의사가 우리에게 치료비가 없다는 이유로 문전박대를 해서 밖으로 쫓겨 나왔습니다. 병원 문전에다 어머니를 눕혀놓고 나는 돈을 마련하려고 친지들을 찾아다니노라 좀 늦게 병원에 당도했을 때, 가난한 어머니는 그만 세상을 떠나고 말았습니다. 그날로부터 나는 맹세를 했습니다. '돈', 이 원수 같은 '돈'을 벌기로 했습니다. 그래서 '돈'이 된다면 못할 짓이 없었습니다. 그날로 나는 '돈' 많은 부호들에게 몸을 팔면서 엄청난 '돈'을 모아 놓았습니다. 비록 돈 많은 저들에게 몸은 팔지언정 진정한 사랑은 주지 않았습니다. 지금 당신 같은 좋은 사람을 만났지만 결혼은 할 수가 없습니다. 그 이유는 아직도 내 가슴속에는 어머니의 원수인 그 놈의 '돈'이 남아 있기 때문입니다."

여인의 얘기를 들은 거지 총각은 모든 것을 체념했습니다.

"나는 본래 거지였습니다. 그동안 당신의 사랑에 감사했습니다. 저는 소중한 약속이 있어서 지금 곧 거기로 가 보아야겠습니다. 안녕히 계세요."

절로 흐르는 눈물을 감추면서 뼈아픈 작별을 고하듯 뒤돌아보지도 않고 내달렸습니다. 세계적인 대부호 록펠러와 오나시스 그 두 사람에게 보고를 할 약속 때문에 달려가고 있었습니다. 그때에 등 뒤에서,

"나 좀 보세요." 하는 소리가 들렸습니다.

"보세요. 거지 장자여. 여기 이 돈벌레와 한세상 행복하게 살아나 봅시다." 하지를 않겠습니까? 두 연인은 순간 찰떡같이 딱 들러붙어서 그 길로 간 곳이 교회였습니다. 교회에서 두 연인은 합법적으로 결혼식을 올렸습니다. 마침내 신혼부부는 신혼여행을 떠났습니다. 그 신혼 여행지가 어디였겠습니까?

록펠러가 물었습니다.

"자네 돈으로 안 되는 것이 있던가?"

"안 되는 일은 없었습니다."

곁에 있던 오나시스가 물었습니다.

"정말로 돈으로 다 되던가?"

거지 장자가 말했습니다.

"아니요. 단, 진정한 사랑만은 돈으로 안 되었습니다."

록펠러가 화를 내면서,

"이 사람아, 돈으로 사랑을 얻을 수가 없었다면 어째서 너희 두 사람은 서로 만나서 결혼을 했느냐?"

그때 곁에 있던 아리따운 신부가 이렇게 말씀을 올렸습니다.

"저는 이 신랑이 옛날의 돈 없는 거지로 돌아간 모습에 반해서 결혼을 했습니다."

안녕.

어른은
모르는 게 없나요?

일곱 살 먹은 어린아이의 질문입니다.

박문수 어른은 조선시대 역사에서 소문난 암행어사였습니다. 박 어사가 나이가 많이 들자 벼슬자리를 내놓고 고향 사천으로 돌아와 한가한 시간을 즐기고 있을 때의 이야기입니다.

어느 날, 어린 손자를 무릎에 앉혀 놓고 무료한 시간을 보내고 있었습니다. 그때 할아버지의 무릎에 앉아 있던 손자가 뜻밖에 가슴 설레는 질문을 했습니다.

"할아버지, 할아버지는 소문에 유명한 암행어사였다고 하던데요. 그러면 유명한 어사로 활약을 하실 때에 혹시라도 가슴 아픈 사건은 없으셨어요?"

손자의 해맑은 눈총에는 할아버지의 가슴에 숨겨둔 비밀을 알고 묻는 듯 했습니다. 뜻하지 않은 손자의 깜찍한 질문을 받고는 잠시 무엇을 생각하다가 손자에게 이런 이야기를 했다고 전합니다.

"내가 어명을 받고 저 경북 문경새재 고갯마루를 막 넘고 있을 때의 일이었다. 그때 느닷없이 어디서 달려온 소년이 헐떡이며 나에게 애절한 부탁을 했단다. 열서너 살이나 될까 말까 한 어린 소년이 무척이나 당황해 하면서, '아저씨, 아저씨. 내가 이 윗길로 도망을 칠 터이니까 누가 그놈이 어디로 갔냐고 묻거들랑 저 밑에 길로 달아났다고 말씀 좀 해주세요.' 하고는 쏜살같이 소년은 윗길로 달아났단다.

그런데 어린 소년이 막 사라지기가 무섭게 무시무시하게 생긴 괴한이 순식간에 어디서 나타났는지 이 할아버지의 목에다가 시퍼런 장도를 들이대고는, '이놈아, 방금 어린 것이 어디로 갔느냐?' 하며 황소 같은 눈깔을 부라리며 이실직고를 무자비하게 추궁하는 바람에 나도 몰래 한 손이 그만 그 소년이 달아난 길을 가리고 말았단다. 그 괴한이 할아버지의 목에 들이댔던 칼을 거두고 부리나케 달려갔는가 싶더니 순간 산 넘어 골짜기에서 비참하게 살해를 당하는 어린 소년의 처절한 비명소리를 이 답답한 할아버지가 듣고 말았단다."

할아버지의 이야기가 채 끝나기도 전에 손자가 몹시 실망한 듯 할아버지의 무릎을 박차고 벌떡 일어나 밖으로 나가면서,

"나는 어사 박문수 어른이 좀 똑똑한 줄 알았는데, 이제 듣고 보니 참으로 한심도 하십니다." 하면서 혀를 쩍쩍 차는 게 아닙니까.

어사 박문수는 가뜩이나 그때의 급박한 순간을 지혜롭게 처리 못한 그 회한이 사무쳐서 늘 속이 편치 못했습니다. 그러나 급박한 그 상황에서는 무슨 뾰족한 답도 없었습니다. 이래저래 냉가슴을 앓고 살아왔는데 철없는 손주한테 형편없는 박대를 당하고 보니 부아가 치밀어서 소리를 질렀습니다.

"그러면 너 같으면 그때 어찌 했겠느냐?"

"뭘 어쩌긴 어째요? 이러면 되지."

그러면서 문밖에 세워 둔 할아버지의 지팡이를 짚고는 눈먼 맹인이 길을 더듬는 시늉을 하는 게 아닌가.

아, 보라. 눈먼 맹인에게 눈 밝은 인간이 어찌 길을 물어보겠는가?

어린이 여러분, 참으로 아는 것은 지식이 아닌 지혜입니다.

지혜는 겁박한 상황에서 찰나에 번갯불같이 일어나는 임기응변입니다. 만사형통의 임기응변이 곧 지혜입니다. 결코 머리를 굴리는 지식이 아닙니다.

보라, 저 조선시대 유명한 어사 박문수 어른도 어린 손자한테서 한 수 배웠습니다. 지혜를 깨달았습니다. 우리 모두 그 지혜를 배웁시다.

안녕.

세계 여러 나라 사람의
피부색은 왜 다를까요?

여덟 살 먹은 초등학생의 질문입니다.

세계 사람들의 피부의 색이 각양각색으로 다른 것은 저마다 머리에 이고 있는 하늘의 태양과 밟고 다니며 사는 땅덩어리 풍토의 질 여하에 따라서 다양한 인종과 그 인종의 찰색이 만들어지기 때문입니다.

그래서 하늘에 태양이 항상 부글부글 끓는 열대지방 사람들은 모두 몸이 검붉습니다.

그리고 동방 사람은 찰색이 파리합니다. 남방은 적색, 서양은 백색이며, 북방은 희백색이고, 중국 사람은 모두 황색입니다.

이 모두가 대지의 기후 조건과 태양 빛의 각도에 따른 현상들입니다. 이런 까닭으로 지구상에는 다양한 유색 인종들이 가득하게 되었습니다.

안녕.

예쁘다는 게
뭐예요

열 살 먹은 초등학생의 질문입니다.

예쁘다는 말에서 '예'는 예절이 바르다는 뜻이고, '쁘다'는 이쁘게 단정하다는 뜻입니다. 그래서 예절이 바르고 몸가짐이 단정한 사람을 '예쁘다'고 합니다.

'아름답다'는 말의 뜻도 한가지입니다. 아름답다는 말은 '앎과 같아지다'의 뜻입니다.

누구나 알기는 쉽습니다. 알기는 쉬워도 아는 사실과 같이 몸으로 행동하기는 쉽지 않습니다. 앎과 같이 행위가 그대로 되려면 오랜 수행이 절실합니다. 그래서 대성인이 되어야만 언행일치가 된다고 합니다. 그러므로 예쁘다는 말씀의 뜻이나, 아름답다는 말씀의 뜻은 매우 높고 깊습니다.

참으로 예쁘고 아름다운 것은 무엇일까요?

참으로 아름다운 것

옛날 석가 세존 당시에 이웃 나라의 왕이 16개국 나라에서 제일 예쁘다는 열여섯 명의 미인을 큰 수레 여러 대에 나누어 태워 가지고는 세존을 찾아왔습니다.

왕이 세존께 근절을 올리고 하는 말이,

"오늘 제가 부처님께 미인 공양을 하려고 찾아왔습니다."

부처님께서 왕에게 물었습니다.

"왕이여, 당신은 지금 미인 공양을 한다고 했습니다. 그러면 무엇을 미인이라고 합니까?"

왕은 참으로 잘난 미색을 평가하는 열변을 토했습니다.

"자, 잘 보십시오. 미인들의 아리따운 자태를 보십시오. 쑥 빠진 몸매는 은비녀 같고, 얼굴은 금방 피어난 장미꽃 같고, 절륜한 품위는 보름달 같나이다. 해맑은 얼굴로 흘러내린 금발의 머리는 비천녀 같나이다. 또 저 감청색 미목의 수려함을 한 번 보십시오. 높고 곧은 코에 홍련 같은 붉은 입술은 풍성하게 익은 앵두 같나이다. 쑥 뻗어 내린 희뿌연 다리 하며, 간드러진 미소에 보일 듯 말 듯한 맑고 깨끗한 이빨의 입 매무새를 보십시오."

왕의 말을 가만히 듣고 계시던 세존은 엄숙한 어조로 말씀하셨습니다.

"왕이여, 그만두시오. 도대체 당신은 무엇을 아름답다고 하십니까? 그리고 무얼 또 예쁘다고 하십니까?

자, 보십시오. 왕이여. 저 여자들의 몸에서 당신은 어디를 보고 그렇게도 예쁘고 아름답다고 입이 마르도록 칭찬을 하십니까? 저 오물이 가득한 몸뚱이를 말씀합니까? 분비물이 흘러내리는 눈입니까? 귀, 코, 입입니까? 백골을 싸고 있는 피부입니까?

왕이여, 잘 생각해 보십시오. 몸에는 아홉 개의 큰 구멍이 있습니다. 거기에서는 쉴 새 없이 추한 분물이 흘러나오고 있습니다. 그리고 당신이 예쁘다고 하는 그 얼굴의 오관에서는 온갖 눈물, 콧물 같은 타액이 흘러나오고 있습니다. 그런데 지금 당신은 저 여인들 몸에서 어디가 그렇게도 아름답고 예쁘다고 하십니까?

왕이여, 진실로 아름다운 사람은 잘생긴 얼굴이나 몸매에 있는 것이 아닙니다. 바로 그 사람의 마음에 있습니다. 그 마음이 겸손하고 예절바르고 아름다운 품행에 있습니다. 항상 부모님과 스승님을 공경하고 어른들을 존중히 모시면서 자신의 추한 몸을 부끄럽게 생각하고 그 몸을 숨기고 감추는 겸손한 품행에 아름다움이 있고 착한 마음에 예쁜 기품이 있는 것입니다."

왕은 부처님의 말씀을 듣고 참으로 예쁘고 아름다움이 무엇인가를 깨닫고 곧 미녀들을 본국으로 다 돌려보내고는 자신도 부처님의 제자가 되었다고 전합니다.

어린이 여러분, 참으로 예쁘고 진실로 아름다움이 무엇인가를 아셨나요?

안녕.

여섯 살 먹은 어린아이의 질문입니다.

옛날 중국 한나라 왕실에서 이상한 소문이 떠돌았습니다. 황제의 여덟 번째 딸이 이상하게도 자꾸 배가 불러 왔습니다. 이제 겨우 열네 살밖에 안 되는 동녀의 배가 임신한 부녀처럼 점점 불러 오르니 왕실에서는 야단이 났습니다.

명의들의 진맥에 의하면 분명히 임신을 한 태맥이라 했습니다. 이러니 왕가의 걱정은 이만저만이 아니었습니다.

왕실에서는 고민 끝에 저 가련한 딸을 어디로 멀리 추방시키기로 했습니다. 시종과 평생을 잘 먹고 살 수 있는 금은보화를 우마차에 가득 실어서 먼 산촌으로 피신을 시켰습니다.

세상 몰래 숨어서 살 수밖에 없게 된 어린 소녀의 기구한 운명은 세월이 없었습니다. 보통 여인이 임신을 한 경우라면 열 달만 고생을 하면되는데, 도무지 공주의 산기는 세월이 가도 감감무소식이었습니다.

이 모양으로 산중에 숨어 살기를 70년이 넘었습니다. 하지만 공주님의 뱃속에는 무엇이 들었는지 도무지 세상에 나올 기미가 없었습니다.

꽃다운 청춘이란 이름도 모르고 지내온 백발의 공주는 어느 날 원수 같은 배를 두드리며 하염없이 울었습니다. 슬피 울며 부른 배를 쥐어박기도 하면서 이렇게 저주를 했습니다.

"이 원수야, 네가 귀신이라면 잠깐 나와서 나에게 무슨 원수를 서로 맺게 되었는지를 속 시원히 그 사연이라도 좀 알려 달라. 혹시라도 귀신이 아니고 정말 사람이라면 남의 심경도 좀 헤아려 보거라. 세상에 보통 아녀자들도 임신해서 열 달 동안 겪는 고통도 만만치 않다고 한다. 그런데 너는 무슨 배짱으로 남의 뱃속에서 칠십 평생을 드러누워서 이 고생을 시킨단 말이냐? 네가 실로 사람이라면 네 놈의 얼굴이라도 좀 보고 나 죽고 싶구나." 하면서 목 놓아 슬피 울었습니다.

그때 뱃속에서 이상한 사람의 목소리가 들렸습니다.

"어머니, 죄송합니다. 제가 세상에 나가 보려고 하니, 이미 석가 세존이 인도에 나오셔서 불도를 다 펴시었고, 또 저 동방에는 공자(孔子)가 유교를 펴실 모양이니, 제가 세상에 나가본들 할 일이 별로 없사옵니다."

괴이한 사람의 소리에 놀란 팔십 노모는 감격의 소리를 버럭 질렀습니다.

"이 박정한 인간아. 무엇을 하고 말고는 자네의 소관이고, 나는 너를 품고 팔십 평생을 중병 든 사람처럼 살았다. 네가 정말 사람이라면 이제 그만 내 자식 새끼의 얼굴이라도 한 번 보게 해주거라." 하면서 감격해 우니,

"예, 저도 지금 어머님을 뵙고 싶습니다." 하는 말소리와 동시에 홀연히 어린애 하나가 세상 밖으로 출생을 했습니다.

그런데 그 어린애도 어머니의 뱃속에서 칠십 평생을 살았으니 이미

하얀 백발이 성성한 늙은 아들이었다고 합니다.

"아, 이놈아. 너도 다 늙어 버렸구나." 하면서 이미 다 늙어 버린 노자(老子)를 품에 안고 한 많은 여자 일생의 슬픔을 달랬다고 합니다.

어린이 여러분, 여러분도 빨리 어른이 되고 싶어요?

빨리 어른이 되길 바란다면 정말로 중국의 노자처럼 무던히 침묵을 지키고 앉아서 명상을 즐겨 보세요. 그러면 누구나 지혜의 성자 노자(老子)가 됩니다.

안녕.

필자의 회고록

    필자가 너무 사랑하는 다빈치의 연인 모나리자를 애명으로 지칭한 필자의 이상향 연인 류효봉님과 그분의 딸 소미, 소희로부터 어린이가 묻고 그 어린이의 물음에 답을 해주신 천주교 신부님의 대화록이 있음을 알았습니다.

    이 책은 그 대화록에 있는 어린이들의 물음을 필자가 새롭게 다시 재생시켜 놓은 이야기책입니다.

    필자로서는 어린이들의 이 같은 물음을 필자의 머릿속에다가 전달해 준 모나리자님과 그 분의 딸들이 무척 기특하고 고마웠습니다.

    왜냐하면 아무리 좋은 악기라도 묘한 입술이나 묘한 손끝이 없으면 오히려 그 악기는 시끄러운 소음이 될 수가 있습니다. 그래서 금년 정초에 도반들이 모인 자리에서 모나리자님의 배려로 딸들이 묻는 그 하나하나의 물음에 강론을 펴 보았습니다. 그때 강의한 내용을 지난 2월부터 지금 9월까지 줄기차게 집필해서 9월 22일에 다 마쳤습니다.

    만고에 어려운 이야기는 어린이와의 대화입니다. 그래서 이 책은 특별히 어린이들을 위한 얘기책은 아닙니다. 오로지 순진무구한 어린이들의 질문을 통하여 모든 이로 하여금 진리의 내면세계로 관광을 시켜 주는 '진리 관광 안내서(眞理觀光案內書)'라 하겠습니다.

이젠 저도 물러가렵니다. 80 가까운 노인네가 컴퓨터를 잡고 글을 치다 보면 맹인의 그 심경이 어떤가도 알겠고, 보다 심각한 아쉬움은 기력입니다. 기억상실증이 무엇인가도 알겠습니다.

독자님들은 부디 이 이야기책을 보실 때는 엄청난 인내력을 가지고 보아 주십사 하는 바람입니다.

이 세상은 손발 놀리기를 싫어하고, 심지어 머리 굴리는 독서는 더더욱 싫어합니다. 이러한 시대의 나쁜 병을 치료하는 차원에서라도 부디 힘겹게 읽어 주세요.

안녕.

2013년 9월 22일

부산 초량에서 천명일 합장